Alfred Grünewald

Karfunkel

Salzwasser

Alfred Grünewald

Karfunkel

1. Auflage | ISBN: 978-3-84608-331-4

Erscheinungsort: Paderborn, Deutschland

Erscheinungsjahr: 2015

Salzwasser Verlag GmbH, Paderborn.

Nachdruck des Originals von 1920.

Alfred Grünewald

Karfunkel
Neue Balladen und Schwänke

Salzwasser

KARFUNKEL

NEUE BALLADEN UND SCHWÄNKE
VON
ALFRED GRÜNEWALD

ILF-VERLAG
LEIPZIG · WIEN · ZÜRICH
1 9 2 0

Meinen Geschwistern

BALLADEN

KARFUNKEL

„Lauf, Karfunkel! — Wackelkopf! —
Froschmaul! — Spinne! — Zitterbein! —
Mußt dich sputen, träger Tropf! —
Flink, Karfunkel! Hol uns ein! —
Pack uns mit der Knochenfaust! —
Gruselpuppe ohne Wanst! —
Zeig die Zunge, daß uns graust! —
Fang uns, Popanz, wenn du's kannst! —"

So die Buben. Doch der Alte
schert sich nicht um das Geschrei.
Tänzelnd geht das mißgestalte
Männlein weiter, geht vorbei.
Schattenhaft, wie ohne Schwere,
wie in Nebel eingemummt.
Und verschwindet. Und ins Leere
tönt das Lachen und verstummt.

Hinter grauer, morscher Mauer
und verduckt im Gartendunkel,
liegt ein Schlößlein auf der Lauer.
In dem Schlößlein haust Karfunkel.
Alle Fenster sind verhangen,
und verriegelt ist das Tor.
Nacht ist aus und ein gegangen,
stieg die Treppe leis empor.
Drang in die verborgnen Zimmer,
wehte rauschend in den Saal,
ward ein Flüstern, ward ein Schimmer,
brachte Lust und brachte Qual.
Rührte leis an die Geräte,
die verwandelt sie erkannten,
floß in Diele und Tapete,
grüßte Bilder und Folianten.

Grüßte Einen, der, sich mühend,
über Zeichen saß und sann,
rastlos Hirn und Herz versprühend,
bis er Wissen einst gewann.

Zitternd hängte da der Alte
einen Kessel übern Herd;
daß der Zauber sich entfalte,

wie der Magierspruch gelehrt.
Mischte dann ein Elixier,
rauchend und wie Blut zu schauen.
Von verrufenem Getier
nahm er Haare, Schweif und Klauen.
Tollkraut, Galgenwurz und Nessel,
Schuppenhaut von Molch und Schlange,
solches warf er in den Kessel.
Und mit murmelndem Gesange
schürte er des Herdes Feuer,
ein Mirakel zu bereiten,
daß sein alter Leib in neuer
Schönheit prange, wie vor Zeiten.

Denn im Buche stand zu lesen:
Koste von der Zauberspeise,
und du bist, der du gewesen.
Jüngling wird aus müdem Greise.
Welke Lippen, welke Wangen
wölben sich zu neuer Freude.
Gold und Purpur, die vergangen,
kehren wieder. Runzeln, Räude
wandeln sich in holde Glätte.
Und genesen aller Pein,
wird auf buhlerischem Bette

der Verfluchte selig sein.

Weiter aber hieß die Kunde:
Doch es wisse der Beglückte,
daß er nur für e i n e Stunde
seinem siechen Leib entrückte.
Und er hüte sein Verlangen,
und noch ehe die gewährte
Frist in Wonne ihm vergangen,
fliehe er, was er begehrte.

Hinter grauer, morscher Mauer
und verduckt im Gartendunkel,
liegt ein Schlößlein auf der Lauer.
In dem Schlößlein haust Karfunkel.
In verhangnen Fenstern spiegelt
staunend sich ein scheuer Stern.
Leise wird die Tür entriegelt:
Tönte nicht ein Schritt von fern? —
Rauschte nicht die Seidenschleppe? —
Lange zögert heut der Gast. — —
Horchend steht er auf der Treppe,
Jüngling, nein, ein Knabe fast.
Um die weißen Schläfen fallen
weiche Ringel lichter Locken.

Lippen, röter denn Korallen,
Flammenblicke, schön erschrocken.
(Feuer, das aus Himmelsbläue
seine heißen Strahlen zückt.)
Schmale Hände, stets aufs neue
bebend an die Brust gedrückt.
In der Anmut zarter Glieder,
Liebesgöttern zu vergleichen,
steigt er nun die Stufen nieder,
die Erkorne zu beschleichen.

„Kommst du endlich!" — „Goldner Knabe,
auch dir ferne, bin ich da.
Zürn der Liebsten nicht." — „Ich habe
lang gewartet." — „Mir geschah
Glück in meinen wachen Träumen;
und nun ist es Wirklichkeit."
— „Keine Zeit ist zu versäumen.
Komm ins Haus und sei bereit.
Eh die Glocke zehn geschlagen,
mußt du wieder fort von hier."
— „Wieder willst du mich verjagen.
Länger blieb ich gern bei dir.
Währt dein zärtliches Verlangen
nur so kurz. Kaum eine Stunde

darf ich deinen Leib umfangen,
ruht mein Mund an deinem Munde.
Kalt muß ich dein Lieben nennen." —
— „Klage nicht und komm und küsse.
Mach mich heißer noch entbrennen.
Gib mir wildere Genüsse.
Deiner Seele letzte Hülle
laß in Jubel dir entgleiten.
Unsre Augenblicke fülle
mit der Lust von Ewigkeiten.
Mit der Lust, nach der mich dürstet,
die mich labt und mich erlöst!"
— „Wunderlicher, der mich fürstet
und als Magd mich stets verstößt." —

Sehnend neigten sich die Tage
in die eine Abendstunde.
Mit dem neunten Glockenschlage
ward zur Blüte jede Wunde,
die den Lechzenden versehrte.
Und an jedem Abend kam
jene, die sein Wunsch begehrte.
Und ein schöner Jüngling nahm
der Geliebten selige Spende,
gab ihr seligen Lohn dafür.

Aber eh die Frist zu Ende,
stand sie einsam vor der Tür.

„He, Karfunkel! Satansknochen!
Hast dich lang nicht blicken lassen! —
Bist du aus dem Grab gekrochen?!" —
Wieder tönt es in den Gassen.
„Seht den Alten, wie er wackelt! —
Komm zu mir, mein schmucker Wicht! —
Hast dich zierlich aufgetakelt! —
Artig stehn dir zu Gesicht
Wams und Strümpf und Pluderhosen,
die du heute angetan! —
Brauchst ein Liebchen du zum Kosen,
pfeif ihr mit dem hohlen Zahn! —
Zwink ihr mit den Zwinkeraugen!
Schneid ihr schmachtende Grimassen! —
Manche Vettel kann dir taugen! —
Krieg die Holde flink zu fassen! —
Tu nicht spröd!" — Gelächter, Johlen.
Doch den Alten trifft kein Schrei.
Weiter geht er, und verstohlen
lacht sein heißes Herz dabei.

„Liebster, deiner Lippen Süße

ist der Tod und ist das Leben.
Gern ich tausend Stunden büße,
weil die eine mir gegeben." —
Und Karfunkel küßt die Traute.
Lippen sich an Lippen schmiegen.
Und sie stammeln wirre Laute.
Sie versinken und sie fliegen,
fliegen in verklärte Weiten,
ledig aller Last und Banden.
Engel, die die Flügel breiten.
Federwolken, die sich fanden. —

„Du mußt fort. Die Zeit ist um."
— „Leg noch einmal deine Hände
an mein Herz und mach es stumm;
daß es nicht sein Lied verschwende."
— „Geh jetzt, geh!" — „Noch einen kühlen
Kuß, der schon Entwöhnung ist.
Nur noch deine Locken fühlen! —"
— „Rasch! Vorüber ist die Frist." —

Wieder hat sie ihn umfaßt.
Doch er wehrt dem wilden Drange
der Geliebten. Da erblaßt
ihr mit einemmal die Wange.

Und sie zittert und sie stöhnt,
und ihr Stöhnen wird Gewimmer.
Auf dem Gang ein Schritt ertönt,
und er nähert sich dem Zimmer.

Und Karfunkel immer wieder:
„Laß mich! — Fort von mir! — Entflieh! —"
Doch sie sinkt zu Boden nieder
und umklammert seine Knie.

Draußen nahts auf sachten Sohlen.

„Horch, er kommt, den ich verhöhnt!
Mein Gemahl, er kommt mich holen!" —
— „Fort! Sogleich die Glocke tönt!"
— „Hilf! Er holt mich mit dem Schwerte.
Seine Wut kennt kein Erbarmen;
weil ich ihm sein Bett entehrte.
Schütze mich in deinen Armen!
Rette mich vor seinem Grimme!
Rette dich und mich!" — Doch er,
mit Entsetzen in der Stimme:
„Zaudere nicht länger mehr!
Laß mich los! Du darfst nicht bleiben!
Flieh, eh dir mein Fluch zu teil!

— Soll ein Fußstoß dich vertreiben?! —
— Flieh um deiner Seele Heil! —
— Fort! Was bohrst du spitze Krallen
in mein Fleisch! Was marterst du
meinen Leib, der dir gefallen! —
— — Rasende! — — — Die Augen zu! — — —"

Und Karfunkel, der Verdorrte,
steht im hellen Kerzenschein.
Und es öffnet sich die Pforte,
und es stürzt ein Mann herein.
Der erkennt sein Weib mit Schauern
und schreit auf und regt sich nicht.
Sieht sie auf dem Boden kauern,
mit verzerrtem Angesicht.
Wahnsinn ihr im Auge glänzt,
und die Fieberblicke starren
auf Karfunkel, das Gespenst,
auf den Popanz, auf den Narren.
Arm' und Beine wie gebrochen
an dem eklen Leibe baumeln.
Und ein Ding aus Kot und Knochen
sieht man durch die Stube taumeln.
Mit vertracktester Bewegung
hüpft der Zwerg in Angst und Qual.

Und der Mann bleibt ohne Regung.
Und da hat mit einemmal,
eh er von der Stelle weicht,
(wie erstarrt auf seinem Platze)
jener schon die Tür erreicht
und entspringt mit einem Satze.

Und Karfunkel stürzt hinaus,
stolpert über Marmorstufen,
stürzt mit Heulen aus dem Haus
in die Nacht, die ihn gerufen.

DIE KATZENLICHTER

Aus Nürnberg hat einer die Mär gebracht
vom Schneider, der Katzen hegte,
mit Brei und Geschmeichel, so manche Tracht.
Die Sanftmut das Herz ihm bewegte,
das immer erfüllt war von sonderm Gesing,
derweil ihm der Beutel meist mager hing.

Ich sag euch das Lied von des Schneiders Tod
und wie er in Liebe gekommen
zu Jungfer Agathe, in Liebesnot.
Und war wie noch nie so entglommen.
Der Winter brach damals verfrüht ins Land.
Da fror es den Schneider im zärtlichen Brand.

Es froren die sieben Katzen sich lahm
und lagen zuhauf mit Gejammer.
So wichen die Wochen, und Christnacht kam.

Da stand in des Schneiders Kammer
ein kümmerlich Bäumchen mit leerem Geäst.
Auch brannte kein Licht zu dem kärglichen Fest.

Doch unter dem Bäumchen, gebreitet fein,
was lag da aus schimmernder Seide? —
Das sollte für Jungfer Agathe sein.
Ein Schürzlein — nein, schier ein Geschmeide.
Dran hatte der Schneider im liebenden Wahn
sein letztes an Hoffen und Talern vertan.

Da lag es mit Falbeln und Spitzen staffiert,
der Jungfer Gelüsten zu wecken.
—„Heut kommt sie, es holen. — Dann wird nicht geziert." —
Die Dunkelheit kroch aus den Ecken
und packte den Schneider und hielt ihn gefaßt.
Doch plötzlich entbrannte ein flackernder Glast.

Da sah er die sieben Katzen in Licht,
im gelben Geglüh ihrer Augen.
„Hei, samtene Sippe, versteckt euch nicht!
Ihr müßt mir zu Kerzen taugen,
müßt alle mir leuchten für meine Braut,
auf daß sie ihr seidenes Schürzlein erschaut."

Er griff in den frierenden Katzenhauf
und knüpfte die Pfauchenden sachte
ans finstere Bäumchen. Wie glühte es auf!
Da hüpfte der Schneider und lachte
und schwankte vor Wonne, als wär er voll Wein.
„Nun braucht es im Schloß nimmer heller zu sein.

Die flammenden Kerzen entzünden die Nacht.
Heut läßt sich die Liebste bezwingen.
Heut will ich sie schmücken mit schimmernder Pracht."
— Und hüpfte mit Lachen und Singen,
und koste die schreienden Kätzlein gemach,
und lachte so lang, bis sein Lachen zerbrach.

Es klirrten die Splitter an Diele und Wand.
Da stockte der Kätzlein Gejammer.
Drei Stunden schon gloste der seltsame Brand.
War ¡seltsamer Klang in der Kammer.
Und gell aus dem Giebelfensterlein drang
des Schneiders verliebter Weihnachtsgesang.

Und immer erschrecklicher wuchs sein Schrei'n,
als bräch es aus berstendem Schlunde.
Jetzt brüllte der Schneider: „Sie läßt mich allein!" —
Es brannten in zuckender Runde

die Lichter noch stets nach des Narren Gebot.
Da brüllte er wieder: „Ich lösch euch zu Tod!

Was flackert ihr dort! — Lauter Dunkel muß sein!
Ihr sollt mich nicht länger mehr quälen!
Ich lösch euch zu Tode! — Sie läßt mich allein!" —
Dann faßte er würgend die Kehlen.
Es starben die Lichter. Die Nacht wurde schwer.
Da glänzte das seidene Schürzlein nicht mehr.

Das Schürzlein, mit Falbeln und Spitzen staffiert,
der Jungfer Gelüsten zu wecken.
Den närrischen Schneider nur hat es geziert,
die Nachbarn am Morgen zu schrecken.
Er baumelte starr an der bröckelnden Wand
und hing an dem seidenen Schürzenband.

BALLADE VOM TOTEN
FAMULUS

Sebaldus Queiß ein Doktor war,
trieb schwarze Künste manches Jahr
mit Pillen und Mixturen.
Vom Niederrhein bis Frankenland
ist wohlverbürgte Mär bekannt
von seinen Wunderkuren.

Den Satan selbst und seine Zunft
hätt er mit Listen übertrumpft.
Kein zweiter von den vielen
mit Doktorbart und Doktorhut
bewährte solchen grausen Mut,
wenns galt, was auszuspielen.

Sebaldus Queiß ein Doktor war,
nahm sich ein Weib mit gelbem Haar,

das Aug voll Flackerfeuer.
Ein Kätzlein von besondrer Art.
Ihr Leib war schmal und knospenzart;
ihr Herz war nicht geheuer.

Des Meisters junger Famulus
kam eines Tags zu nah dem Schuß.
Das schuf ihm eine Wunde.
Frau Lisbet seiner Wunde pflag,
derweil er ihr in Armen lag;
auf daß er süß gesunde.

So trieben sie's zwei Wochen lang.
Im schwelgerischen Überschwang
erglühten Mund und Glieder.
Doch einmal stand Sebaldus da,
just als sich keiner deß versah,
und stach den Buben nieder.

Der sank zu Boden ohne Laut.
„Wär schad um seine glatte Haut."
Der Doktor sprachs mit Lachen.
„Wär schad, wenn seiner Locken Zier
verderben sollt. Drum will ich dir
ein Püppchen aus ihm machen.

Das wird ein holder Hampelmann.
Und wenn ihm gleich das Blut gerann,
das deine kann noch schäumen."
Frau Lisbet, wie ein Laken weiß,
lag zitternd da und stöhnte leis,
als wie aus schweren Träumen.

Der Doktor hob den Toten sacht
vom Teppich auf und trug die Tracht
in die geheime Klause,
drin er die Pergamente schrieb
und seine Höllenzauber trieb
bei Feuer und Gebrause.

Bald war das schlimme Werk geschehn.
Frau Lisbet fand beim Schlafengehn
den Liebsten auf dem Pfühle.
Sebaldus rief: „Nun hats nicht Not.
Leg dich zu deinem Junker Tod,
daß er dein Brennen kühle.

Ich hab ihn weidlich präpariert,
mit Purpur sein Gesicht verziert.
Da liegt er neu geboren,
mit rotem Mund und Lockenhaar,

so lieblich wie er vormals war.
Er bleibt dir unverloren."

Und packte das verstörte Weib
und band sie an des Toten Leib
und höhnte: „Schmeckt der Bube?
Sollst alle Nächte bei ihm ruhn.
Nicht länger brauchst du spröd zu tun."
Drauf ging er aus der Stube.

Da lagen beide Brust an Brust.
Frau Lisbet, kaum sich selbst bewußt,
riß tobend an den Banden.
Dann aber blieb sie regungslos,
mit starrem Blick, und keuchte bloß,
bis ihr die Sinne schwanden.

Erwachte zitternd wieder dann.
Durch ihren Leib ein Fieber rann.
Sie wimmerte, sie weinte. —
Und seufzte mit verbuhltem Klang.
Entsetzen sich mit Liebesdrang
zu irrer Lust vereinte.

Sie flüsterte: „Mein Kühler du!
Ich wiegte dich in sachte Ruh;

ich hegte dich mit Küssen.
Macht dich das Tändeln gar so müd? —
Wach auf und sei aufs neu erglüht.
Hab lange darben müssen.

Nun tu ich alles dir zulieb.
Mein süßes Blut ich dir verschrieb.
Ich bin dir zu Gebote,
mit Leib und Seel dir untertan." —
So sprach das Weib in seinem Wahn.
Da regte sich der Tote.

Und tat die Lippen auf: „Hab Dank.
Mein Leben in das deine sank.
Ich bin in dir geborgen.
In Wonne wandelst du die Qual." —
Und beide küßten sich zumal
bis in den grauen Morgen.

In früher Stund Sebaldus kam
zu Braut und Leichenbräutigam.
Er trat ans Bett und lachte.
Frau Lisbet er im Schlafe fand.
Er band sie los mit harter Hand,
so daß sie jäh erwachte.

Sie blickte in den matten Tag.
Um ihren Mund ein Lächeln lag.
Sie blickte sonder Schmerzen
auf ihren Liebsten, kalt und tot,
sah seine Wangen rosenrot
und hob die Hand zum Herzen.

Sebaldus aber rief mit Macht:
„Nun ists genug bis heute Nacht.
Dann könnt ihr neu beginnen!"
Vom Bette zerrte er sie wild.
Der Jüngling, wie ein Wachsgebild,
lag reglos auf dem Linnen.

Der Tag stieg auf, der Tag verblich.
Frau Lisbet still im Hause schlich
und lächelte verstohlen.
Der nächtige Nebel sank ins Tal,
und wieder kam ihr Ehgemahl,
zum Feste sie zu holen.

Und wieder schnürte er das Weib
an ihres toten Liebsten Leib,
zu auserkorner Strafe.
Und brünstig küßte sich das Paar,

und wieder, als es Morgen war,
lag Lisbet tief im Schlafe.

So gingen ihr der Wochen zwei
aufs neu in Seligkeit vorbei;
denn jede Nacht erwarmte
der schöne Jüngling, der am Tag
gestorben auf dem Bette lag,
wenn Lisbet ihn umarmte.

Doch einmal kam ein Abend mild,
da war des Doktors Zorn gestillt,
da hub er an zu sprechen:
„Du schufest mir viel Qual und Pein.
Doch soll es nun vergessen sein.
Du büßtest dein Verbrechen.

Nun darfst du wieder bei mir ruhn,
und sollst heut Nacht mir Liebes tun
und Liebe auch begehren.
Und morgen grab ich ein den Balg,
auf daß mit Knochen, Haut und Talg
die Würmer ihn verzehren."

Der Mond durch fahle Wolken strich,
da rief Sebaldus sie zu sich.

Schon lagen sie beisammen.
Doch eh sie ihm die Lippen bot,
sank sie zur Seite und war tot.
Es loschen ihre Flammen.

Und horch, ein grelles Lachen scholl.
Da sprang er aus dem Bett wie toll
und ließ sein Weib und eilte
in das Gemach, drin Nacht und Tag
der balsamierte Bube lag.
Ein Wind die Wolken teilte.

Der Mond ergoß sein kaltes Licht.
Sebaldus fand den Toten nicht.
Da schrie er auf und bebte.
Dann stürzte er mit schwankem Schritt
ans Fenster. — Durch den Garten glitt
ein Schatten und entschwebte.

DER BETTLER

Es lief der Schrecken durch die Gassen
und brach in alle Häuser ein.
Die arge Mär war nicht zu fassen.
— Kann solche Kunde Wahrheit sein?! —
Wer hats getan?! — — Klaus Tumb, dem Alten,
ward nächtens von verruchter Hand
das weißgelockte Haupt gespalten.
Noch blutend man die Leiche fand.
Der ihn gemordet, fluch dem Feigen!
Sein Leben ist vor Gott verwirkt.
Vom Himmel wird die Rache steigen
und findet ihn, der sich verbirgt.

Da kam Johannes Lot gegangen
und sah mit Funkelblick umher
und hatte Reden aufgefangen
und lauernd horchte er nach mehr.

Sprach mit verstohlner Spottgebärde
in seinen Bart: Zum guten Glück,
vom Himmel bis herab zur Erde
bleibt immer ein gewaltiges Stück.
Dann ging er weiter durch die Gassen,
durch die der Schrecken lief. Sein Gang
war fest und aufrecht. Und gelassen
schritt er die Häuserreihn entlang.

Es stand ein Bettler an der Mauer
und streckte seine Mütze vor
und sang den Leuten seine Trauer
als lästige Litanei ins Ohr:
„Gebt einen Groschen meinem Leid
und einen Groschen meiner Pein.
Es wird euch in der Ewigkeit
mit Zinseszins vergolten sein."

„Mög mir mein Seelenheil geraten,"
sprach da Johannes und blieb stehn.
„Dein Greinen lockt zu frommen Taten
— und was geschehn ist, ist geschehn." —
Und warf ein Geldstück in die Mütze.
Da sprach, den Blick emporgewendet,
der Bettler: „Nicht nur mir ists nütze;

der W e l t habt Liebe ihr gespendet."
— „Und hab ich heißen Haß für einen?" —
— „So gilt es jenem nicht allein."
— „Muß, zum Exempel, ich vermeinen,
es gilt auch dir?" — „Kanns anders sein?!
Ihr habt mit ihm auch mich getroffen."
— — „Was sprichst du da?! — Was ficht dich an?!
— Du hast dich heut wohl vollgesoffen!" —
Der Bettler schon aufs neu begann:
„Gebt einen Groschen meinem Leid
und einen Groschen meiner Pein.
Es wird euch in der Ewigkeit
mit Zinseszins vergolten sein."
— „Da nimm den zweiten für den Psalter!
Sorg für mein Heil, und wir sind quitt.
— Bist mir den Himmel schuldig, Alter!"
Drauf ging er fort mit schnellem Schritt.

Und war zehn Häuser weit gegangen,
da blieb er plötzlich stehn und sann:
— — Wie hatte er doch hohle Wangen
und weißes Haar, der alte Mann!
— Er starrte mit verglasten Blicken,
und röchelnd er mich noch beschwor.
— Der schlechte Mantel hatte Flicken. —

— — Wie hielt er seine Mütze vor! — — —
— — — Es war schon mancher Groschen drinnen. —
Er selber war vom Weine voll.
— — — — Was red ich? — — — — Wer? — — — — —
Bin ich von Sinnen?! —
— — — — Das Blut aus seiner Wunde quoll. — —
Und ist wie über Schnee geflossen. — — — —
— — — — Was plärrte er von seiner Not? — — —
Trieb seine jämmerlichen Possen. — —
— Da gibt es Blumen. — — — Weiß und rot. — — —
— — — Es war zum Lachen. — — Horch, sie schwatzen. — —
— — — Ihr kommt mir nimmer auf die Spur.
— — — Was schnitt er doch für grause Fratzen! — —
— — — — Der Bettelmann? — — — Wie sang er nur? — —
Gebt einen Groschen — — — Fort! Was steh ich
und kann nicht von der Stelle! — — Fort!
— — — Zwei starre, tote Augen seh ich. — — —
— — — — Er lehnte mit der Mütze dort. — — —
— — — Zum Lachen wars. — — — —

Da ging er weiter
und zog die feisten Lippen breit
und schwang den Stock und tat ganz heiter.
— — — Man schlendert gern zur Abendzeit. — —
— — — — Zwei Groschen warf ich in die Haube.

Das wird mit Zins vergolten sein.
— — — — Vergolten sein. — — — — Der Himmels-
glaube
ist für den frommen Durst der Wein.

Schon ward es dunkler. Nebel zogen
und hüllten schleiernd Haus und Baum.
Da schritt er durch des Stadttors Bogen
in weite Felder, wie im Traum.
Und immer eine Stimme tönte:
Du trafst auch mich mit jenem. — Still! — —
Die Stimme aber stieg und stöhnte:
Wenn auch dein Ohr nicht hören will,
es hört dein Herz die bange Klage,
es hört dein Herz, das dich verrät,
und spricht es nach, was ich dir sage! — —

— — — Ob er noch an der Mauer steht,
mit seiner Mütze? — — Möchte wissen,
ob er schon fortgeschlichen ist.
Wird irgendwer ihn denn vermissen,
wenn er das Heimgehn heut vergißt? — —
Wird irgendwer sich nach ihm sehnen? — —
— — — — Ich will zurück. Schon ist es kühl. — —
— — — Mag er bis morgen früh dort lehnen,

die harte Mauer nur zum Pfühl.
Was schert er mich mit seinen Klagen!
— — — Weiß keiner, wie sichs in der Nacht
bei Klaus dem Alten zugetragen.
Ich hab es schnell und schlau gemacht.
Weiß keiner — — — Müht euch nicht! — — Ge-
                                    lichter! — — —
Es war ein rechtes Meisterstück. — — —

Das Dunkel wurde dicht und dichter.
Johannes lief den Weg zurück.

— — — Ob er noch immer — — — Still! — — — Noch
                                        immer
dort an der Mauer steht? — — Wer spricht?
Spricht mir ins Ohr. — — — Laß dein Gewimmer!
Geh fort von mir! — — Ich hör dich nicht! — —
— — — Nur schnell zurück! — — — Wie ist die Gasse
doch ohne End! — — — Ich lauf so lang. — — —
Wär ich erst dort! — — — — Ich tu's. — — — Zum
                                       Spaße — — —
Ich red ihn an mit seinem Sang.
Gebt einen Groschen meinem Leid
und einen Groschen meiner Pein.
Es wird euch in der Ewigkeit

mit Zinseszins vergolten sein. — — —

Und lief und lief. Die Gassen waren
schon still und leer. — Nur Einer sah
den Irren mit zerzausten Haaren.
Der alte Bettler stand noch da.
In tieferm Dunkel, tieferm Schweigen,
als zög er beide zu sich hin.
Die Augen blickten starr und eigen.
Die Mütze, längst schon ohne Sinn,
war seiner magern Hand entglitten
und lag im Staub, ein totes Ding.
Im Staub mit seinen toten Bitten.
Der Wind im Mantel sich verfing,
daß sich die Falten lautlos blähten.
Dann wars, als wüchse er empor,
als wollt er aus dem Dunkel treten,
darin sein Antlitz sich verlor.
Da kams heran mit jachem Sprunge,
und durch die Stille schnitt ein Schrei:
„Das Herz verbrennt mir auf der Zunge!
Mein Blut verbrennt! Klaus Tumb, verzeih!" —
Er stürzte vor dem Alten nieder,
umfaßte seine Knie im Wahn,
und seine Stimme gellte wieder:

„Verzeih, verzeih, was ich getan!
Hilf, meine Seele mir erretten!" — — —

So rief Johannes Lot. Sein Schrei
trieb viele Schläfer aus den Betten,
und schaudernd eilten sie herbei.

Bald trugen sie ihn von der Stelle.
Ein Lager ward zurecht gemacht. —
Der Morgen kam. In seiner Helle
Ist er vom Wahne nicht erwacht.
Und sprach aufs neue stets mit Beben:
„Gab für des Bettlers Leid und Pein
zwei Groschen. — — — Habs der Welt gegeben. — —
— — — — Drum wird mein Sterben selig sein." — — — —

VOM HANNES, DEM DIE NACHT ENTKAM

Hannes läuft durch weiße Gassen.
Sonne brennt in Staub und Stein.
„Weh, die Nacht hat mich verlassen,
und ich fang sie nimmer ein!"

Kommen Buben hergesprungen:
„Mach dir Beine, Hannes! Flink!
Hast du sie erst müd gezwungen,
humpelt sie nach deinem Wink."

„Hannes — Hannes" — Weiber stürzen
auf ihn zu. Mit heißem Ruck
manche ihre Röcke schürzen:
„Nacht ist drunter. — Hannes, guck."

Schreit der Krämer in den Haufen:
„Hannes, sei nicht ungescheit.

Komm, ich laß dich Tinte saufen,
dunkler als die Dunkelheit."

„Hannes, lauf!" — „Nein, Hannes, bleibe!
Hab ein Bettlein für uns zwei,
streichle dir den Tag vom Leibe."
„Hannes — Hannes" — Jagd und Schrei. —

Hannes läuft durch weiße Gassen.
Sonne brennt in Staub und Stein.
„Weh, die Nacht hat mich verlassen,
und ich fang sie nimmer ein!"

Und er springt an alle Tore.
Ängstlich rüttelt er sie auf.
Matter klingt es schon im Chore,
und es lahmt schon mancher Lauf.

Und er schaut in viele Kammern.
Wand und Diele voller Licht.
Kinder ducken sich und jammern,
blassen Schrecken im Gesicht.

Doch die Alten tröstlich lachen:
„Pack dich, scheeler Galgenstrick!

Sollst uns nimmer fürchten machen,
hast du gleich den bösen Blick."

Hannes läuft. — Die Häuser sanken.
Felder liegen breit im Schein.
Lichtbeschwerte Halme schwanken.
Und er läuft schon lang allein.

Sieh, da sprengt mit eins ein zweiter
knapp an ihm vorbei und lacht:
„Hannes, komm, sei mein Begleiter,
und wir laufen in die Nacht."

Hannes läuft. Und jener immer
vor ihm her. Und lacht. Und schreit.
„Hannes, aller Tage Schimmer
tauch ich dir in Dunkelheit."

Weiter, weiter. — Über heiße
wirre Wege hin in Saus.
„Hannes, lauf! — All das Gegleiße
blas ich wie ein Kerzlein aus."

„Hannes, hast du faule Sohlen!"
Und der Hannes hinterdrein:

„Der hat mir die Nacht gestohlen.
Aber wart, ich hol dich ein!

Mußt die Nacht mir wiedergeben.
Länger bleibt sie nicht bei dir.“
„Hannes, lauf aus deinem Leben
und lauf brüderlich zu mir.“

Und sie laufen alle beide,
wie du nie noch laufen sehn.
„Hannes, horch, von Licht und Leide
lös ich dich. All deinem Flehn

soll Erfüllung werden.“ — „Bube,
spotte nicht! — Die Nacht ist mein.
Gib sie her!“ — In eine Grube
springt der zweite schnell hinein.

Und von unten tönts: „Getroffen
hab ichs just im Brunnenschacht.“
Und jetzt gibt es was zu hoffen.
Zärtlich birgt sich hier die Nacht.

Schenkt sich uns zu süßem Spiele,
die sich keinem so ergab.

„Bube, weich von meinem Ziele!"
Und da springt er schon hinab.

„Bruder, komm zu Nacht und Lieben!"
Horch, des einen Lachen gellt,
dem der Schädel ganz geblieben.
Hannes seiner ist zerschellt.

ZWERG HULLE

War Jens der Krämer an der Brücke.
Mit Raunen floß die dunkle Flut.
Des Krämers Sinn war voller Tücke,
sein Herz voll Gier und feiger Wut.

Im engen Keller saß gefangen
und in des Fürchtenden Gewalt,
mit glühen Blicken, weißen Wangen,
Zwerg Hulle, Hulle Ungestalt.

Was tat der Bleiche Jens dem Argen,
daß diesem Haß und Angst gebot,
den Zwerg lebendig einzusargen?
Womit hat Hulle ihn bedroht?

Schuf Hulles Blick ihm solchen Schrecken?
War es der Stimme schriller Laut?

Was konnte seinen Haß erwecken?
Wovor hat ihm sosehr gegraut?

Sah er vielleicht sich selbst gespiegelt
in dieser hohlen Fratze? Lag,
was er verschlossen, dort entsiegelt
und wollte ungestüm zu Tag?

War Jens der Krämer an der Brücke.
Das dunkle Wasser floß beseelt
und hat von seinem Leid und Glücke
dem Lauscher Seltsames erzählt.

Ein schlauer Handel war geschlossen.
Der Krämer strich die Taler ein,
um die der Tränen viel geflossen,
und lachte still: „Nun seid ihr mein.

Nun braucht ihr nimmermehr zu wandern.
Ich gönn euch eure goldne Ruh.
Macht euchs behaglich bei den andern."
Drauf sperrte er die Lade zu.

Ging hin und wieder in der Stube
und sann und flüsterte dabei:

„Heut fiel der eine in die Grube;
bald kommt der nächste an die Reih."

Und breiter ward sein leises Lachen.
Mit einem Male ward es laut:
„Es wird dem Hulle Freude machen,
wenn er die schönen Taler schaut."

Er öffnete die Lade wieder,
tat Gold in seinen Sack sodann.
— Schon stieg er morsche Stufen nieder,
als flüsternd er aufs neu begann:

„Die Taler kann mir keiner rauben.
Ich halt sie fest. Ich bin im Glück.
Und, Hulle Narr, du mußt dran glauben.
Ich will dirs weisen Stück für Stück."

So war er an die Tür gekommen
und tat sie auf und trat hinein.
Und seine Augen unstet glommen.
Ein Kerzenlicht gab matten Schein.

Und Hulle kam hervorgesprungen
und hielt vor Lachen sich den Bauch

und schrie: „Der Handel ist gelungen!
Nun hab ich, Bruder, was ich brauch.“

Und zeigte eine Hand voll Steine,
die er vom Boden aufgeklaubt,
und grinste schlau: „Gönn mir das meine.
Ich hab heut einen ausgeraubt.

Das Häuflein möcht auch dir gefallen.
Ich steck es klüglich wieder ein.
Saphire, Perlen und Korallen
und Gold und Silber obendrein.

Das soll dem wackern Hulle taugen.
Das schützt vor allem Ungemach.“
Da blickten stier des Krämers Augen,
und Angst aus seinem Herzen brach.

„Du hast ja nichts als Kieselsteine.
Die klaubtest du vom Boden auf.
Beschwer dir nicht die Schlotterbeine
und wirf ihn hin, den schnöden Hauf.

Ich hab was Beßres in der Tasche.
Schau her, was ich für Vögel fing.

Und immer mehr ich mir erhasche.
Das gibt ein süßes Klang und Kling.

Und nicht ein einziger kann entfliegen
aus meinem sichern Vogelhaus.
Sie sollen goldne Junge kriegen.
— So leer doch deine Taschen aus!

Hast weder Edelstein noch Batzen.
Nur Kiesel sinds." — Doch Hulle schrie:
„Gleich wird der Tropf vor Neid zerplatzen,
weil mir der Handel so gedieh.

Sieh Gold und Edelsteine gleißen.
Du, scheeler Narr, hast Kiesel bloß.
Kannst deinen Schatz zu Boden schmeißen."
Drauf jener keuchend, atemlos:

„Ich treib dir meine goldnen Taler
in deine Augenhöhlen ein!
Dann siehst du ihren Glanz." — „Du Prahler,
laß deine trüben Possen sein.

Dein Aug ist blöd, doch ich kann sehen.
Du nahmst die Kiesel in den Kauf.

Es nützt dir nichts, dich aufzublähen.
Du blähst nur deinen Jammer auf.

Und kitzelst deinen Schmerz; drum jückt es
ihn stets zum Lachen, weint er gleich.
Getröste dich. Nicht jedem glückt es.
Die Armut kommt ins Himmelreich.

Soll ich dir Rosenkränze beten,
wenn du vor Gram gestorben bist?"
— „Du Tier, ich will dein Hirn zertreten!
Mögs weiterspinnen auf dem Mist!

Ich will dich lehren, mich verhöhnen!
Du tanzest noch nach meinem Pfiff.
Jetzt geht es gleich in andern Tönen." —
Er packte ihn mit wildem Griff.

„Wer hat die Taler von uns beiden?!
Ich oder du?! Gib Antwort jetzt!
Ich mach dich mürbe und bescheiden;
dann merkst du dirs zu guter Letzt!"

Und schlug und schlug, trat ihn mit Füßen.
Von seinen Lippen floß der Schaum.

„Nun sollst du deinen Spott verbüßen!
Ich weck dich noch aus deinem Traum!"

Doch Hulle gab kein Schmerzenszeichen,
schnitt Fratzen bloß und lachte schrill
und ließ sich seinen Buckel streichen.
Und plötzlich war der Krämer still.

Und seine Arme sanken nieder,
als zög sie bleiernes Gewicht.
Dann aber krümmte er die Glieder,
und wie verrenkt war sein Gesicht.

Und war ganz fahl und nicht das seine,
war Hulles Antlitz, der da kroch
im jäh erwachten Kerzenscheine.
Und Hulle Satan lachte noch.

Und lachte jetzt aus allen Ecken
und lachte Flammen lichterloh.
Gejagt von namenlosem Schrecken,
der Krämer aus dem Keller floh.

Das Wasser raunte vor dem Hause,
sang seine Weise ohne Rast.

Und aus dem Raunen ward Gebrause;
dann wieder klangs wie Seufzen fast.

Der Krämer Jens war Ratsherr worden,
trug stolz der Kette goldne Zier
und trug am Band den blanken Orden
und barg im Herzen Angst und Gier.

Und viele kamen, ihn zu loben,
mit Schmeichelreden ohne Maß.
Der Krämer war emporgehoben;
doch Hulle Narr im Keller saß.

Und wollt nach seinem Pfiff nicht tanzen
und war nicht aus dem Traum erwacht,
indes die andern, wie die Schranzen,
zu willen waren seiner Macht.

Der Abend kam. Die Gäste schritten
mit krummen Rücken aus dem Haus.
In ihren demutsvollen Sitten
sahn sie mit eins gespenstisch aus.

Am Himmel zogen Wolkenscharen
und ballten sich zu Nacht. — „Nur gleich

hinunter! Hulle solls erfahren.
An neuen Ehren bin ich reich.

Hier stehts auf Pergament geschrieben,
und all sein Höhnen löscht es nicht.
Kein Sturmwind macht mein Glück zerstieben.
Ich schrei's dem Gaukler ins Gesicht."

Und zitternd faßte er die Rolle
und stieg hinunter. — An der Wand
saß hoheitsvollen Blicks der Tolle,
hielt einen Knochen in der Hand.

Den Schädel zierte eine Krone
aus altem fettigen Papier.
„Ich hab ein Königreich zum Lohne.
Komm mir nicht nah! Was willst du hier?!"

Der Krämer aber nahm die Kerze
und wies sein Pergament: „Da sieh!"
— „Schon wieder deine plumpen Scherze,"
sprach Hulle drauf. Und jener schrie:

„Ich bin ein Ratsherr! Kannst du lesen?!"
Der wandte sich: „Was soll mir das!

Du bist der Narr, der du gewesen,
und bist mir längst schon nicht zupaß.

Was kommst du wieder ungeladen
mit deinem weinerlichen Witz!
Ich bin ein König ohne Gnaden,
mit Donnerwort und Augenblitz.

Du Tölpel, mach dich auf die Socken!
Laß meine Herrlichkeit allein!
Der Zackenreif auf meinen Locken
ist lichter als der Sterne Schein.

Ich bin vom Glanze überflossen.
Der Himmel fließt hernieder." — „Hund!
Du sollst es lesen!" — „Laß die Possen
und stopf den Wisch in deinen Mund." —

„Du sollst es lesen! Sieh die Kette.
Den Orden sieh." — „Was faselst du!
Der König Hulle will zu Bette.
Es stör ihm keiner seine Ruh.

Die runde Welt darf sich nicht drehen.
Erst wenn ich ausgeschlafen hab,

kanns mit dem Wirbeln weitergehen."
Er winkte mit dem Knochenstab

und nahm die Krone von der Glatze.
Drauf legte er sich längelang:
„Nun schweigt das irdische Geschwatze.
Schon hör ich lauter Sphärensang."

Und auch der Krämer stürzte nieder.
„Du sollst mich hören, sollst mich sehn;
und fühlen, bis dir deine Glieder
geschunden aus den Fugen gehn!"

Und schlug und schlug in irrem Wüten,
schlug sich die Fäuste wund und lahm.
Vor seinen Blicken Flammen sprühten,
und wieder heißes Lachen kam.

Und einte sich mit jenem Feuer.
Und sein Gesicht verzerrte sich
zu einem Fratzenungeheuer,
das Hulles fahlem Antlitz glich.

Und Hulle lachte schrill im Traume,
den er zu träumen sich vermaß.

Der Krämer stürzte aus dem Raume,
und Hulle Träumer ihn vergaß.

Und lag, ein schwelgerischer König,
im Schmutze an der Kellerwand.
Und alle waren Hulle fröhnig,
und ohne Grenzen war sein Land.

Das Wasser zog im dunklen Flusse,
erzählte viel von Lust und Not
und von verheißenem Genusse;
und raunte von des Krämers Tod.

War Anne Heimelig, die Zarte,
die manchen Wunsch zur Glut entfacht,
die ihrer Schönheit Schatz versparte.
Nur einem hat ihr Mund gelacht.

Das war der Krämer Jens, der Kluge.
Gar schlau zu locken er verstand.
Es flog ihr Herz in raschem Fluge
dem schlimmen Werber in die Hand.

Dort saß es still, als wärs im Neste.
Und selig Jens der Krämer war.

Und wieder kam der Schwarm der Gäste.
Des Krämers Glück ward offenbar.

Was erst man nur zu flüstern wagte,
mit lauter Stimme sprach mans jetzt.
(Doch wer noch flüsterte, der klagte.)
Schon war die Hochzeit angesetzt.

Die Braut war schön wie keine zweite;
ihr Auge Himmel, Nacht ihr Haar.
So lächelte die Benedeite
herab vom strahlenden Altar.

Der Stimme holdestes Erklingen
war wie ein Sang aus andrer Welt.
Sie schritt so sanft, als trüg sie Schwingen.
War sie den Engeln zugesellt?

Sprach sie ganz leise mit Verklärten?
War ihr ein süßes Wissen kund?
— Die Tage kamen und gewährten.
Im Keller aber saß der Hund.

Und war nicht aus dem Traum zu wecken,
wies seiner Fratze stolze Schmach.

Aus tausend runzligen Verstecken
wie Schweiß ein heißes Leuchten brach.

Und Hulle hatte Talerstücke
und Krone, Szepter, Königreich.
— Und seinem Narrenliebesglücke
kam keine andre Wonne gleich.

Es schwoll der Fluß und überschwemmte
mit breiten Fluten Damm und Wehr.
Und weiter zog der Ungehemmte,
trug seine Kunde bis ins Meer.

Der Krämer Jens lag auf dem kalten,
verschlammten Grund zur Hochzeitsnacht.
Die Nebel übers Wasser wallten.
Kein Stern hielt ihm die Totenwacht.

Im engen Keller saß indessen
Zwerg Hulle, Hulle Ungestalt,
und hatte Krämer Jens vergessen
in seines Traumes Allgewallt.

Und wenn er lachte, wars, als hübe
die Fratze sich empor. Er hielt

mit Klauenfingern eine Rübe
und küßte sie, bald sacht, bald wild.

War ihm doch alles wohlgeraten!
Nun hegte er ein zartes Lamm.
Aus seinem Auge Tränen traten.
Sein geiles Grinsen drin verschwamm.

KASPAR GRAU UND SEIN BUCKEL

„Hexe, nimm den Berg von meinem Rücken,
und ich lohn es dir mit Talerstücken,
gut gemünzten, fünfzig an der Zahl!
Länger trag ich nicht die schnöde Qual.
Hilf mir, Hexe!"

„Möge Euer Gnaden
nur der Liebe süße Last beladen,
bis das Alter euch die Haare bleicht.
— Was ihr tun müßt aber, ist nicht leicht."

„Was es immer sei, ich wills vollbringen."

„Einen lockt euch an vor allen Dingen,
den ums Kinn schon weiche Härlein sprossen,
und der niemals noch ein Weib genossen.

— Tötet, wenn ihrs könnt, den keuschen Knaben;
denn sein Wünschelherz, ihr müßt es haben.
In ein Linnen sorglich eingebunden,
tragt es auf dem Rücken, und verschwunden
ist der Buckel, eh ein Tag verrinnt."

„Einen Buben hab ich im Gesind,
der für solchen Handel wie geschaffen.
Wenn die Mägde glühend ihn begaffen,
schlägt der fromme Tropf den Blick zur Erde.
Will ihm helfen, daß er selig werde. —
Fünfzig Taler, Hexe, sind dein Teil,
hast du nicht gelogen." —

                            „Macht und Heil
euch und euerm hochgepriesnen Haus!" —

Kaspar Grau war schon zur Tür hinaus.

Kaspar Grau trat leise in die Stube,
drin der Knabe lag: „Du schläfst schon, Bube?
Noch ein Stündchen fehlt auf Mitternacht."
Zitternd war der Knabe aufgewacht.

„Herr, was wollt ihr? Längst ist Schlafenszeit.
Bin am Tag zu jedem Dienst bereit. —

Tat ich etwas nicht nach euerm Sinne,
so vergebt mir, Meister." —

                    „Eine Spinne
kriecht auf deinem Polster. — Sieh dich vor!" —
Jener wandte sich.

            „Da nimm, du Tor!" —

Aus dem weißen Nacken sprang ein Strahl
roten Blutes. — „Sollst kein andermal
dich vor Spinnen oder Weiberküssen
in dem frommen Bette fürchten müssen."
Und er packte ihn mit grauser Lust,
schnitt das Wünschelherz aus seiner Brust,
grub im Garten dann die Leiche ein.
Auf den Wiesen blühte Mondenschein.

Seltne Märe ging von Mund zu Mund.
Aller Welt ward das Mirakel kund:
Meister Kaspars Buckel ist verschwunden.
Mißgestaltet noch vor wenigen Stunden,
trägt er nun den strammen Leib zur Schau.
Solches Wunder tat die Liebe Frau,
die so lang und brünstig er beschwor,

bis sie endlich ihn zum Heil erkor
und von seinem Buckel ihn erlöste,
daß der fromme Meister sich getröste.
Denn der Buckel schuf ihm arge Qual,
steil und zweigespitzt — ein Schandenmal.

Und zum Ruhm der wundertätigen Macht,
die so großes Heil an ihm vollbracht,
lud er Freund' und Vettern ein zum Schmaus.
Voller Sang und Lachen war das Haus.
Nach dem Essen ging es in den Garten.
— Meister Kaspar aber schritt der zarten
Jungfer Genoveva stets zur Seite,
wollte keinen dritten zum Geleite.

Und er bat in heißem Flüstertone,
daß sie seine Liebe selig lohne,
die er heute erst zu beichten wage,
weil er seinen Buckel nimmer trage.
Genoveva hing ihm still am Arme,
und es schien, als ob sie schon erwarme.
Leichtes Lächeln lag um ihren Mund.
Doch des Herzens Regung tat sich kund
in der blauen Augen feuchtem Schein.
Und so schritten lange sie allein,

abseits von der Gäste lauten Schar.
Hinter Hecken küßte sich das Paar.

Moosbewachsen, einem Teppich gleich,
war der Grund, und beide sanken weich
auf den sanften Rasen, dicht umschlungen.
Und da lag sie lachend und bezwungen.
Doch noch eh sie seinem Wunsch gefüge,
kroch ein Grauen über ihre Züge,
und sie riß vom Boden sich empor.
Gellend traf ihr wilder Schrei das Ohr
aller, die zu Gast gekommen waren.

Und sie standen mit gesträubten Haaren
und erstarrten Mienen in der Runde.
Sieh, es regte sich im moosigen Grunde,
und ein Klumpen Erde stieg nach oben,
stieg und stieg, von fremder Macht gehoben.
Alle packte da ein kaltes Graun;
denn ein Hüglein, seltsam anzuschaun,
bot sich den entsetzten Blicken dar.
Steil und zweigespitzt, wie jenes war,
das der Meister gestern noch getragen.

Und man sah ihn jach von hinnen jagen.

Unterm Hügel fand sich eine Grube;
drinnen lag der totgestochne Bube.
Und noch eh die selbige Nacht vergangen,
ward der feige Unhold eingefangen
und bekannte schlotternd seine Tat.
Andern Tages flocht man ihn aufs Rad.

DER TOLLE GABRIEL

Steht er wieder hinter mir? —
Leute, still! Ihr sollt nicht lachen.
Denn er ist ein böses Tier,
und es könnt ihn wütend machen. —
— — Neigt euch nah zu meinem Ohr.
Kam der Gräßliche ins Zimmer? —
— — Redet leise! Seht euch vor!
Ist er da, dann horcht er immer. — —
— — Ja, ich fühls, er ist es wieder.
Fühl den Atem schon im Nacken. — —
Grauen fährt durch meine Glieder.
— — Einmal kommt er, mich zu packen. — — —

Er ist schnell. Wenn ich mich drehe,
dreht auch er sich, daß ich nicht
seine heißen Augen sehe
und sein höhnisches Gesicht.

Doch ich s e h ihn. Seh ihn gut,
kann im Dunkel ihn erkennen.
Denn ich seh ihn mit dem Blut.
Seh die Blicke, die mich brennen,
seh die Lippen schwarz und schmal,
seh sein Hassen und sein Höhnen.
Und er freut sich meiner Qual,
hört mein Herz im Leibe stöhnen. — — —

Manchmal bleibt er länger fort,
und da fang ich an zu hoffen,
daß ein W o r t — — ein Zauberwort
seine böse Macht getroffen.
Und ich sage oft und laut:
„Mutter — — — — liebe Mutter — — —" Sage:
„Schöne Wolke — — — — — — Himmels-
                braut — — — — — —
Jesus, höre meine Klage! — — — —"

Und da wird mir süß und leicht,
und ich meine, (neigt euch nah!)
daß er nimmer mich erreicht.
Plötzlich ist er wieder da.
— — — Wieder da — — — Und steht mit glühen
Blicken hinter mir und hört,

wie sich meine Worte mühen.
Und da sind sie schon zerstört
und zerquellen mir im Munde;
und ich lalle sie zu Brei. —
Und dann würgt es mich im Schlunde,
und ich habe keinen Schrei.

Tretet hinter mich und seht!
Seht den Haß in seinen Händen.
Wie das auf und nieder geht.
Meinen Rücken, meine Lenden
auf und nieder. — — Auf und nieder. — — — —
Einmal aber hält er still
und umklammert meine Glieder.
Und wenn ich mich regen will,
drückt er immer fester. — — — — — —

                           Sagt,
gab der Wilde euch ein Zeichen?
— — Wie mein Blut zum Herzen jagt!
Seht die Wangen mir erbleichen. — —
— — — Leise, leise, müßt ihr sprechen.
Wird es nicht mehr lange dauern?
Will er heut schon mich zerbrechen?
— — — Heut schon, sagt ihr ohne Schauern?!

— — Und ihr lacht zu meinem Beben!
Laßt das Lachen! Reizt ihn nicht!
Heut schon geht es mir ans Leben?! — — —

O, wie seh ich sein Gesicht!
Schwarze Lippen, hohle Wangen — — —
Seine Augen — roter Brand. —
Seine Zähne — Eisenzangen. — — —
Immer spür ich seine Hand.
Auf und nieder — — — — Übern Rücken — — —

Heute solls geschehen?! — — — Heute?! — — —
O, mein Herz ist schon in Stücken! — — — —
— — — „Liebe Mutter — — —" — — — Helft mir, Leute!
„Liebe Mutter — — —" — — — Sprecht es alle!
Sprecht es alle! (Wie mir graut!)
— — — — Daß es von den Wänden halle. —
„Schöne Wolke — — — Himmelsbraut. — —
Jesus, voller Gnade — — —" — — Immer
auf und nieder — — — Auf und nieder. —
— — Helft mir! — — Ruft noch mehr ins Zimmer! — —
— — „Liebe Mutter — —" — — — Sprecht es wieder! — —

Warum schweigt ihr? — — Habt Erbarmen! — —
Eben habt ihr doch gelacht! — — —

— — — Heut schon will er mich umarmen! — — —
„Herr im Himmel — — — Deine Macht — — —"
Sprecht mit mir! Auf meinen Knieen
bitt ich euch! Seht meine Pein!
— — — Bleibt doch da! Ihr dürft nicht fliehen!
Laßt mich nicht mit ihm allein! — —

— — — „Liebe Mutter — — — — Schöne, reine
Wolke droben – — — Wolke droben — — —
Jesus, deine Macht — — — — —" (Hab keine
Stimme mehr, den Herrn zu loben.)
— — — „Jesus, dir zum Wohlgefallen
beten wir — — —" O bleibt doch! Bleibt!
— — — Von den Wänden muß es hallen — — —
Helft, daß ihn das Wort vertreibt!

„— — —Liebe Mutter — — —" Lauter Schweigen,
dichtes Schweigen um mich her! — —
Warum sprecht ihr nicht, ihr Feigen?! — — —

Warum seh ich keinen mehr?! — — —

— — — Sie sind fort! — — Ich bin verloren! — —
Nur der Eine hinter mir,
der mir grausen Tod geschworen. —

Und nun stillt er seine Gier. — — —
— — — Schwarze Lippen — — — — Hohle
Wangen — — —
O, wie weh das Sterben tut! — —

— — — — Einst war Sommer, und es sangen
bunte Vögel. — — — — — — — — — — — —

— — — — Mit dem Blut
seh ich ihn und seh ihn besser,
als ich jemals ihn gesehn. — — —
Seine Zähne sind wie Messer. — — —
Feuerräder, die sich drehn,
sind die Augen. — — —

— — — — Seine Hände
krampfen sich. — — — In einem Nu
ists getan. — — — Es geht zu Ende. — — —
Gnad mir Gott! — — — —

Jetzt packt er zu! — — — — —

SCHWÄNKE

DIE BÜTTEL UND DER RÄUBER ENGERLING

Zwei Büttel hatten über Nacht
mit Mut und mancher Tücke
ein jeder seinen Fang gemacht.
Nun saßen sie im Glücke
bei einer Kanne Moselwein
und schenkten sich für sechse ein.

Ein kühler Trunk nach heißem Fang. —
Es lösten sich die Zungen,
und sie erzählten breit und lang,
wie ihre Jagd gelungen
und daß, wenns gilt, zum guten Schluß
der schlimmste Schelm dran glauben muß.

Derweil das Paar den Mosel trank,
saß wie in Höllenflammen

ein zweites auf der Ofenbank
mit wildem Blick beisammen.
Und schielten nach dem kühlen Heil
und dachten beide sich ihr Teil.

Das Paar mit hitzigem Gesicht,
das war die nächtige Beute.
Zwei Kerle wüst und ausgepicht.
Die mußte man noch heute
ins Strafhaus bringen nach der Stadt,
wo man die rechten Riegel hat.

Das ging den Strolchen nun verquer
und sie besprachen leise
und rieten lange hin und her,
wie man auf schlaue Weise
sich aus der bösen Schlinge zieh;
so daß ein Spaß noch draus gedieh.

Und einer von dem saubern Paar,
der längere von beiden,
mit dürren Gliedern, rotem Haar,
der trat mit eins bescheiden
und zitternd an den Tisch heran,
verschluckte sich und rief sodann:

„Mich fiebert! Laßt mich einen Schritt
hinaus zur Türe machen.
Hier ist so schwül." — „Da geh ich mit,"
der Büttel drauf mit Lachen.
„Ich weich euch nimmer von der Seit,
eh ihr vom Fieber nicht befreit." —

Und hakte sich in seinen Arm:
„Erlaubt, daß ich euch führe.
Gleich wird euch wohl und minder warm." —
Und zog ihn aus der Türe.
Und der geheimnisvoll begann:
„Verzeiht, ich log euch eben an.

Sie heizten drin zwar tüchtig ein,
doch kann ich dies ertragen.
Mir galts, mit euch allein zu sein.
Ich hab euch was zu sagen. —
Der Schelm, den euer Vetter fing,
es ist der Räuber Engerling." —

„Was sagt ihr?!" rief der Büttel laut.
„Nur still!" gebot der Schlaue.
„Er hat mirs eben anvertraut;
und wenn ichs euch vertraue,

so haltet drüber reinen Mund,
sonst wirds dem andern drinnen kund.

Ihr wißt, was auf dies Haupt gesetzt:
Dreihundert Golddukaten!" —
Der Büttel drauf: „Wie bin ich jetzt
dreihundertfach verraten!
Hab meine Plag, und jener drin
hat Ruhm und Taler zum Gewinn."

„Still, still! — Noch ist es nicht so weit.
Das Blättlein muß sich wenden.
Vertraut auf mich. Ich weiß Bescheid.
Bald habt ihr ihn in Händen,
und ohne daß euchs Müh gemacht.
Vernehmt, was ich mir ausgedacht." —

Der Büttel, sänftlich wie ein Lamm
und stammelnd und in Beben:
„Was tun wir, Freund?" — „Wenn wir mitsam
uns nach der Stadt begeben,
— ich meine wir und jene zwei —
dann gehts am Unkenstein vorbei.

Dort sinkt nach West ein Weg ins Tal;
ein andrer steigt nach Norden.

— Euch aber ist mit einem Mal
der Arm zu schwach geworden.
Ich reiß mich los und renn talab,
und ihr mir nach in wildem Trab.

Erst seid ihr wacker hinterdrein,
daß Staub und Kiesel fliegen;
dann aber stolpert ihr zum Schein
und bleibt mit Jammern liegen.
Auf euer klägliches Geschrei
kommt Vetter Büttel flink herbei.

Das ists, worauf ihr eben paßt.
Denn euer Weidgeselle,
der hat das Wild noch gut gefaßt
und bringt es euch zur Stelle.
Ihr weist ihm euer Bein mit List
und sagt, daß es geschunden ist.

Und daß der Schmerz euch grimmig plagt,
doch grimmer das Verlangen,
den Schelm, der nun ins Weite jagt,
aufs neue einzufangen.
Doch weil der Schmerz nicht locker läßt,
so säßet ihr im Sande fest.

Und fleht um Jesu Christ ihn an,
er mög sich Beine machen
und laufen, was er laufen kann.
Ihr wollt indessen wachen,
auf daß der andre nicht entkommt.
Nun sorg ich, daß die Jagd ihm frommt.

Und es beginnt mit dran und drauf,
und weiter gehts mit Schnaufen.
Nach einer Stunde gibt ers auf
und hat sich lahm gelaufen.
Kommt er dann wieder, mürb und matt,
So seid ihr längst schon in der Stadt." —

Indes nun Büttel und Halunk
sich solcherart verschworen,
lag jenem drin bei seinem Trunk
der andre in den Ohren.
Das war ein Lump von feister Art,
mit einem Kropf als Knebelbart.

Der sprang, kaum daß die Türe zu,
mit heimlichem Gebaren
zum Büttel an den Tisch im Nu:
„Ihr sollt es gleich erfahren!

— Der Schelm, den euer Vetter fing,
es ist der Räuber Engerling. —

Der König zahlt für seinen Fang
dreihundert Golddukaten.
War manchem nach dem Preise bang! —
Ich gönnte euch den Braten."
Der Büttel seufzte mit Beschwer:
„Ich wollt, daß ich gestorben wär."

„Zum Sterben kommt ein jeder dran;
sonst feierten die Pfaffen. —
Seid guten Muts. Ich bin der Mann,
das Gold euch zu verschaffen."
„So sprecht," erklang es nun verstört.
„Nur leise, daß euch keiner hört!

Der Räuber Engerling gedenkt,
dem Büttel auszukneifen;
weil er nicht gern am Galgen hängt.
(Es hindert ihn am Pfeifen
und macht auch in der Kehle Pein.)
Er reißt sich los beim Unkenstein."

„Er reißt sich los?! — Das ist nicht leicht."
— „Getrost, es wird ihm glücken!

Sobald jedoch der Schelm entweicht,
wird es den Büttel jücken,
daß er ihn schleunig wiederbringt.
Das aber ists, was euch gelingt."

„Wer bürgt es mir?" — „Ihr fangt ihn ein,
so wahr ich nicht gelogen.
Denn kaum der Weg beim Unkenstein
ins Tal hinabgebogen,
seht ihr ein waldiges Geländ;
da drinnen hat die Hatz ein End."

„Wenn ihn der andre aber kriegt?" —
„Und lief er gleich bis morgen,
er fängt ihn nicht. — Im Walde liegt
die Rattenschlucht verborgen.
Dort hat der Räuber, eh mans denkt,
sich ungesehn hinabgesenkt.

Der Büttel immer weiter jagt,
als brennten seine Sohlen.
Ihr aber könnt nun, wenns behagt,
den raren Vogel holen.
Er steckt schon in der Falle drin.
Ich weiß den Weg und führ euch hin."

„Das soll euch unvergessen sein!
Mein Wort ich euch verpfände!
Nehmt diesen Becher Ehrenwein
und trinkt ihn bis ans Ende;
auf daß der schlaue Streich gelingt.
Bald euch noch beßre Löhnung winkt."

„Ich nehm indes den Wein in Kauf.
Ich weiß, ihr meint es bieder."
— Da aber ging die Türe auf,
und jene kamen wieder:
„Mit einem Glase oder zwei
macht ihr euch leichtlich fieberfrei."

So hörte man nun wieder mild
den andern Büttel sprechen.
Und als der beiden Durst gestillt,
begann man aufzubrechen.
Und sie begaben im Verein
sich eilig nach dem Unkenstein.

Und als der Rote dort entwich,
(er war sogleich verschwunden)
da hatte Meister Büttel sich
auch schnell das Bein geschunden.

Er schrie und flehte trauervoll,
daß ihm der andre helfen soll.

Der wußte nun nicht aus noch ein.
Da sprach der Strolch verwegen:
„Gevatter, das geschundne Bein,
das kommt uns ungelegen.
Nun heißt es, nach dem Büttel sehn.
Macht flink. Ich bleib indes hier stehn.

Sagt, daß auch ich entwichen sei;
drum müßt ihr ihn verlassen
und hofft, daß er euch dies verzeih.
Ihr denkt, mich bald zu fassen.
Dann kehrt ihr auf der Stelle um.
— Ich wett, er nimmt es euch nicht krumm."

Als nun zum Büttel mit dem Bein
der Retter war gekommen,
rief jener gleich: „Ihr seid allein?!" —
Und als er drauf vernommen,
daß auch der zweite Schelm enteilt,
da war sein krankes Bein geheilt.

Er sprang empor: „Daß euch die Pest —!
Ihr ließt ihn von der Leine?!

Was hieltet ihr nicht besser fest!
Wo lief er hin?" — „Ich meine —
— — ich mein, er stürmte hügelan." —
„Ich hol ihn wieder! Drauf und dran! —"

Und eilte wie der Blitz dahin.
Der andre sah's mit Staunen:
Was kam ihm plötzlich in den Sinn?
Das sind mir sondre Launen.
Erst war er doch am Beine wund.
Nun scheint sein Hirn mir nicht gesund.

Dann rief er lachend: „Kommt hervor!
Wir haben ihn vom Nacken!
Geschwind! — Ihr sitzt wohl auf dem Ohr!
Soll ich euch tüchtig packen?!
Zum Henker mit dem Ehrenwein!
Jetzt dürft ihr nicht verschlafen sein!

Glückauf, wir holen uns den Schatz!
— Wollt ihr denn nicht erwachen! —"
Da kam er an den leeren Platz
und rief, noch halb mit Lachen:
„Versteckt euch nicht! — Was ficht euch an?! —
— Es kommen beßre Possen dran! —"

Und rief und rannte hin und her.
— Und lachte nimmer wieder.
Ein Weilchen später stöhnte er,
und endlich sank er nieder.
Ich weiß nicht, ob zu jener Frist
der andre noch gelaufen ist.

DER TEUFEL AUF DEM MAIBAUM

Zur Kirmeß wollte Satanas
ein neues Stücklein proben.
Und er erklomm zum schwülen Spaß
den Maibaum und psalmierte was
im bunten Wipfel droben.

Es währte kaum zwei Lieder lang,
da kamen sie gelaufen,
behext von solchem Vogelsang.
Und um die lange Stange sprang
ein wirrer Jungfernhaufen.

Und hinterdrein mit heißer Hast
die Bauern all in Nöten.
In schwanker Höh der Höllengast
salbaderte: „Ihr habt gepraßt,

statt euer Fleisch zu töten!

Bei Buß und Beten wart ihr lahm;
beim Zärteln aber schmeidig!
Doch weh, wenn eine Jungfer zahm
in süßer Brunst zu Schanden kam!
Ihr Sündentod ist leidig!

Sie taumelt stracks ans Höllentor!" —
Da löste sich der Reigen.
Und sieh, der ganze Weiberchor
hob wie auf Flügeln sich empor
— und hing schon an den Zweigen.

Es bauschten sich die Röcke weit,
und war ein prall Geschlenker.
Der Satan schrie: „Kam Bußezeit!
Und wenn ihr fürder heilig seid,
so dankt es euerm Henker!"

Und gröhlte einen Lenzgesang,
derweil die Weiber kreischten.
Die Bauern aber standen bang
und machten ihre Hälse lang,
und ihre Augen heischten.

Denn droben hing nun sichtbarlich,
was sonst dem Blick entraten,
der wünschlich eine Maid beschlich.
Manch Stoßgebetlein auch entwich.
So lockte sie der Braten.

Und einer, also fromm gefeit,
tat endlich nimmer blöde
und klomm empor. Von oben breit
kam ein Gelach: „Der Weg ist weit,
und dein Gebein ist spröde!"

Dem Bauer aber wuchs der Mut.
Mit eins entbrannte munter
ihm an den Fingern Flammenglut
und zähmte seiner Fäuste Wut.
So schmiß es ihn herunter.

Kaum lag der eine matt im Gras,
als schon im dreisten Drange
ein zweiter sich der Kunst vermaß.
Da schrie's: „Wer nie noch Feuer fraß,
der glitscht von meiner Stange!"

Und wieder floß ein Feuerbrand

dem Bauer aus den Händen,
so daß er flugs den Boden fand.
Nicht länger hielt ein dritter stand
und lag mit mürben Lenden.

Ein vierter, fünfter und noch mehr. —
Und keiner zwang das Feuer.
Die Weiber droben kreischten sehr.
Schrie Satan: „Macht es gleich Beschwer,
f r o m m t doch das Abenteuer!"

Da plötzlich hüpfte in den Hauf
ein Kerl und schnitt Grimassen.
Rief: „Satan, mach die Ohren auf!
Heut gibt es keinen Seelenkauf!
Laß du dein schales Spaßen!

Bin Magier, Tänzer, Akrobat
und will mein Heil verwetten:
Ich weiß für deine Ränke Rat.
Es braucht bloß zur getrosten Tat
zwei Dutzend Federbetten."

Ein Gaukler wars, der dieses rief
im jammernden Gewühle.
Und standen sie auch schwach und schief,

ein Häuflein doch nach Hause lief.
Und brachten ihre Pfühle.

„Türmt alles um den Baum," befahl
der Gaukler und erfaßte
die Stange. — „Gehts gleich flink zu Tal,
fällst du doch w e i c h e r dieses Mal!"
schrie Satan, der schon paßte.

Der Gaukler aber schob sich schwer
ein kurzes Stück nach oben.
Dann hielt er inne, keuchte sehr —
und s t r e c k t e j ä h s i c h i n d i e Q u e r.
Und sieh, der Satan droben

entwich dem K r e u z mit Dampf und Knall.
Und von den Zweigen sanken,
gleich garer Frucht, die Jungfern all
und hoben sich vom sanften Fall,
um Gott dem Herrn zu danken.

Es betete die ganze Schar.
Sie blickten auf zur Stange,
die nun als Kreuz zu schauen war,
und fühlten: Jegliche Gefahr
weicht s o l c h e m Überschwange.

MUTTER ZIRBEL

Von Mutter Zirbel sagen sie,
daß sie den Donner überschrie,
war sie ins Keifen kommen.
Die flinken Blitze wurden lahm.
Einst keifte sie drei Wölfe zahm
und hat sie heimgenommen.

Traktierte sie als Hunde dann.
Veit Zirbel war ihr Ehemann,
und dem ergings kaum besser.
Er war von schmächtiger Gestalt
und von Humor nicht warm noch kalt
und sonst kein Eisenfresser.

Doch rote Grütze aß er gern
und war ein Schweiger vor dem Herrn.
Man hat es nicht erfahren,

ob er voreinst ein Stockfisch war.
Der Seele Haus ist wandelbar;
sie selber kommt zu Jahren.

Und just des Alten laues Blut
verdoppelte des Weibes Wut.
Denn gellte ihr Gezeter,
so gab er keinen Laut von sich
und sah zur Decke mildiglich,
als wie ein stiller Beter.

„Ich zahl dir deinen frechen Hohn!
Nimm das, du Tropf, und das zum Lohn! —“
Und ihre Fäuste flogen.
Doch er blieb stumm und dachte schlau,
der Himmel wird schon wieder blau,
hats Wetter sich verzogen.

Der Seele Haus ist wandelbar.
Die beiden triebens manches Jahr,
bis Einer war gekommen,
der Mutter Zirbel überschrie,
und war doch nicht so laut wie sie.
Kein Ohr hat ihn vernommen.

Der Veit jedoch den Ruf verstand
und ging mit jenem über Land,
und lag doch in der Stube,
lag auf der Bettstatt längelang.
Und Weihrauch kam und Bittgesang
und eine schwarze Grube.

Jetzt war die Zirbel ohne Mann
und hatte Witwenkleider an.
Erst tat sie wie besessen
und zeterte von ihrem Leid.
Da zog ins Haus die Einsamkeit.
(Bald nach dem Leichenessen.)

Nun wissen wir, daß, wenn sie schrie,
ihr Toben besser noch gedieh,
weil Veit den Mund nicht rührte.
Der aber muckte nimmermehr,
und etwas kam, Gott weiß woher,
das ihr die Kehle schnürte.

Und ihre Stimme nimmer stieg.
Denn nur die leere Stille schwieg,
und keiner sonst im Hause.
Dem sie sein Schweigen stets verargt,

sie hatten ihn heut eingesargt.
Er lag in sichrer Klause.

Und eine Woche kaum verstrich,
als sie zu seinem Grabe schlich,
zu wunderlicher Feier.
Sie sah das Rosenhüglein an
und rang nach Atem und begann
die langgewohnte Leier.

Zwar klang es erst noch wie verdutzt
und holperig und abgenutzt,
doch wars im rechten Tone.
Und stieg und schwoll. Und der im Grab
auch nicht die kleinste Antwort gab,
als tät ers ihr zum Hohne.

Und alles war nun wie vorher.
Die Zirbel wußte nimmermehr,
daß ihr der Veit verloren.
Lag er nicht neben ihr ganz nah?!
Und lag schon wieder schweigend da!
— „Du hast wohl keine Ohren?!

Ich zahl dir deinen frechen Hohn!

Nimm das, du Tropf, und das zum Lohn! —"
Sie schwang den schweren Stecken,
schlug wütend auf den Hügel los.
Zerdroschen war das sanfte Moos,
geknickt die Rosenhecken.

Und weiter gings mit Schrei und Schlag.
Was ihr auf Brust und Herzen lag,
zerschmolz im heißen Grimme.
Die Schreie stiegen hoch empor.
Als wie ein ganzer Höllenchor
erschallte ihre Stimme.

Dann machte Mutter Zirbel kehrt
und zog getrost und unbeschwert
im Schlenderschritt von dannen.
Ihr Veit, der saß im Himmelshaus
und lachte ob dem Donnergraus,
daß ihm die Tränen rannen.

MUHME BITTERLICH

„Ach, Ilse, welch ein schönes Kleid
aus Samt und Spitzen! Sprich,
wer kaufte dirs?" — „Herr Ungescheit!
Die Muhme Bitterlich
— hast du's vergessen so geschwind? —
gab mir es jüngst zum Angebind."

„Ich lob mir die Gevatterschaft.
Doch wer hat dir beschert
das feine Häublein ganz aus Taft,
drei gute Gulden wert?"
„Das Häublein längst im Schranke lag.
Sie schenkte mirs am Weihnachtstag."

„W e r schenkte dirs?" — „Die Muhme." — „Ei!
Das Häublein wie das Kleid?"
„Sie schenkte mir so mancherlei,

und niemals tat ihrs leid.
Und niemals hat sie mir gegrollt.
Sie gäb mir mehr noch, wenn ich wollt."

„Gott lohn ihrs, Ilse." — „Einen Kuß,
mein Hannes, für dies Wort.
Und nun leb wohl. Zu Markt ich muß.
Und bleib ich länger fort,
so hab Geduld und sei nicht bang.
Du weißt es doch, der Weg ist lang."

— „Ach, Ilse, welch ein reicher Schmuck!"
— „Ein neues Liebespfand
von meiner Muhme. Hannes, guck!
Wie stehn mir Perlenband,
Agraffen und der Ring dazu?
Sahst deiner Tag was Schönres du?"

„Nichts Schönres gibt es weit und breit,
als dich in deiner Zier.
All meine liebe Lebenszeit
bleibst du die Schönste mir.
Der treuen Muhme Dank und Heil!"
„Da hats nicht Not. Sie kriegt ihr Teil."

— „Ach, Ilse, sag, um Jesu Christ!
wie kommt der fremde Mann
zu uns ins Haus zu später Frist?
Ficht dich der Böse an?!
Du küssest ihn! Er küßt dich auch!" —
— „Was mehr! Das ist doch Vetternbrauch!

Es ist der Muhme Bitterlich
geliebter Sohn; er kam
erst eben, um zu holen mich.
Die Muhme übernahm
sich gestern an gespicktem Kraut.
Nun liegt sie da, gibt keinen Laut.

Der Vetter weiß in seiner Not
sich nicht zu raten mehr.
Sie macht es just, als wär sie tot.
Drum weint er auch so sehr.
Ich tröste ihn, so gut es geht.
Doch nun leb wohl. Es wurde spät.

Geschwind zur Muhme müssen wir,
zu sehen, was ihr frommt;
daß sie den Odem nicht verlier,
bevor noch Hilfe kommt."

— „Da macht nur flink," sprach Hannes jetzt,
„eh sie den Fuß ins Grab gesetzt.

Und, lieber Vetter, ihr vergebt,
daß ich so hitzig war.
Ich hoff, die teure Muhme lebt
noch manches frohe Jahr."
— „Daß ihr der Himmel helfen wollt!"
sprach der. „Ich hab euch nicht gegrollt."

Dann wischten beide durch die Tür,
und Hannes ging zur Ruh.
„Gott schütz die Muhme für und für
und schütz uns zwei dazu;
erhöre jeden, der da fleht."
So sprach er still, zur Wand gedreht.

Der Morgen kam. Die Sonne stand
mit blinzelndem Gesicht
am feuerroten Himmelsrand.
Der Hannes sah es nicht.
Und blickte ganz verschlafen drein:
„Jetzt muß sie bald zu Hause sein."

Die Sonne lachte sich empor
und ward vor Lachen breit.

Der Hannes hielt die Hand ans Ohr:
„Nun wär es an der Zeit.
— Mir ist, ich höre Schritte. — Nein.
Es wird der Wind gewesen sein." —

Im Schneckengang der Tag verstrich.
Es kam auf leisen Schuhn
der Abend. — „Muhme Bitterlich
gibt ihr wohl viel zu tun;
sonst wär sie lange schon zu Haus."
Am Himmel losch das Lachen aus.

Und wieder kam die Nacht. Es sprach
der Hannes sein Gebet,
zu wehren allem Ungemach;
schlief in den Morgen spät
und hob sich endlich traumbeschwert.
Sie war noch stets nicht heimgekehrt.

Und siebenmal wards Tag und Nacht,
und Hannes blieb allein.
Hätt gern sich auf den Weg gemacht,
doch ließ ers klüglich sein.
Denn wo das Haus der Muhme stand,
das war dem Hannes unbekannt.

— „Ach, Ilse, sag, beim Sakrament,
bei deinem Seelenglück,
bei Weltenanbeginn und ⁄End,
wie kommst du mir zurück?!
Und bliebst so lang und kommst mir jetzt,
das Haar zerzaust, das Kleid zerfetzt!

Die Wangen leichenfarb und hohl,
das Aug vom Weinen rot!" —
— „Zum Weinen hab ich Ursach wohl,"
sprach Ilse. „Sie ist tot."
Sie blickte müd und seufzte sehr.
— „Sei ihr die Erde nicht zu schwer."

So sprach der Hannes, faßte sacht
die Bleiche bei der Hand.
„Ich hoff, sie hat dich treu bedacht,
dich, die so nah ihr stand.
Du warst ihr immer lieb und wert.
Was hat zum Schluß sie dir beschert?"

— — „Beschert? — Die Muhme? —" — „Komm zu dir!
Nun ist sie einmal tot.
Und haust in seligem Revier
und kostet Himmelsbrot;

weil sie den Leib am Speck verdarb."
— — „Am Speck. — Ganz recht. — Die Muhme starb.

Und liegt begraben klaftertief." —
Drauf Hannes: „Aller Qual
ist sie nun ledig. Der sie rief
aus diesem Sündental,
nahm ihre Seele auf in Huld.
Der Tod bezahlt des Lebens Schuld.

Doch sprich, was hat sie sich erspart?
Was ließ sie dir zum Dank?"
Und Ilse, die noch blasser ward,
auf ihre Bettstatt sank.
Und lag sogleich in Tränen da:
„Ein zweites Unglück noch geschah! —"

„Bei Sonnenauf- und -Untergang!
Beim Flammenfirmament!
Erzähl! Mach mich nicht länger bang!" —
— „Die Mär ist bald zu End.
Hab nicht das Kleinste heimgebracht
von allem, was sie mir vermacht."

„Was sprichst du da?! — Wo ließest du
denn deine Batzen, sag?! —"

— „Erbrochen fand man Schrank und Truh.
Derweil sie sterbend lag,
ward Muhme Bitterlich beraubt." —
„Bei Christi dorngekröntem Haupt!

Beim Wundenleib! Bei Brot und Wein!
Wie ging das zu? —" — „Gott weiß. —"
— „Ist dies denn möglich! — — Darf es sein? — —"
Es ward ihm kalt und heiß.
„Gestohlen all das schöne Geld,
und du um deinen Lohn geprellt! —"

— „Um meinen Lohn und manches mehr!
(Um was, das ahnst du kaum.)"
— „Schafft es denn keiner wieder her?!" —
Drauf Ilse, wie im Traum:
„Es ist vorbei. Was ich verlor,
holt keiner aus dem Grab hervor."

— „Was faselst du! Die Muhme liegt
begraben; nicht das Geld.
Kann sein, daß man es wiederkriegt." —
„Vielleicht am End der Welt,"
sprach Ilse drauf und lachte schrill.
Und Hannes ängstlich: „Sei doch still. —

Und, was ich sagen wollt, wie gehts
dem Vetter?" — „Der — — ach der — —!"
sprach Ilse (und sie lachte stets
und lachte immer mehr.)
„Er hat heut kurz nach Mitternacht
flink auf die Beine sich gemacht." —

„Wo ging er hin?" — „Ans End der Welt,
dem Räuber nach. Vielleicht,
daß er ihm meinen Gruß bestellt,
sobald er ihn erreicht.
Ich mein, er tuts. Weiß nur nicht, wann." —
Da fing sie frisch zu weinen an.

„Sei ruhig, Ilse! Wein doch nicht!
Ists gleich ein schwerer Schlag,
bedenk, aus Dunkel wurde Licht.
Nach jeder Nacht kommt Tag.
Ein Samenkorn ist Menschenleid;
die Frucht jedoch heißt Seligkeit."

So ward der Hannes schnell getrost
in seinem frommen Sinn.
„Was dir das Schicksal hat erlost,
das nimm in Demut hin."

Er sprach noch lang und feierlich;
und Ilse hob vom Lager sich.

Und schritt (es war von ungefähr)
zum Fenster. Eben kam
im Hof ein junger Knecht daher,
der zog die Mütze zahm
und neigte sich mit scheuem Mut.
In ihre Wangen trat das Blut.

Sie tat das Fenster auf gemach:
„Ei, Hannes, seh ich recht,
(es ward ihr leicht, indes sie sprach)
so kam ein neuer Knecht
ins Haus. Ich mein den Langen dort. —"
„Die Schwachen stützt ein Gotteswort."

So sprach der Hannes, noch verzückt,
in seines Glaubens Glut.
Und Ilse, wundersam gejückt
von ihrem heißen Blut,
sprach: „Laß die Flausen. Sieh doch hin.
Sein Haar ist hell und glatt sein Kinn.

Beim Brunnen dort. — Das Milchgesicht —
Jetzt schaut er just herauf." —

Drauf er: „Den kennst du freilich nicht.
Ich nahm ihn jüngst erst auf.
Der Nachbar Schreiner ihn empfahl;
und es gereut mich nicht die Wahl.

Er scheint ein flinker Bursch zu sein."
— „Wie mich sein Blick verbrennt!"
sprach Ilse leis. — „Ruf ihn herein,
daß er die Herrin kennt." —
Der Hannes winkte mit der Hand.
Alsbald der Knecht im Zimmer stand.

Und hielt verwirrt den Blick gesenkt
(und schon wie schuldbewußt).
Von ihrem Schnürleib arg beengt,
griff Ilse an die Brust
und fühlte ihres Herzens Hast.
Es schlug ihr bis zum Halse fast.

Und als der Knecht gegangen war,
trat sie zum Spiegel hin
und lächelte gar sonderbar.
Wie leicht war ihr zu Sinn!
Der Hannes sah sie liebend an
und gleich aufs neue er begann:

„Der Glaube, wie ich oft gesagt" —
„Hast recht," sprach Ilse schnell,
„ein Menschenkind ist bald verzagt.
Der Glaube ist ein Quell
und stillt der Herzen schlimmste Pein.
Drum laß uns immer gläubig sein."

Sie schob ein Löckchen aus der Stirn
und nahm ein Seidenband,
besah Herrn Hannes Nebelhirn,
derweil ums Haar sie 's wand.
Und trat ans Fenster wieder, sah
hinab; und jener stand noch da.

Da sprach sie: „Hannes, über mich
kommts wie verklärtes Licht.
Ich denk an Muhme Bitterlich,
und dennoch wein ich nicht.
Wie seltsam doch! Mir ist, auf Ehr,
als ob sie nicht gestorben wär."

DER BAUER UND DER TOD

Ein pfiffiger Halunke
saß einst beim Schlummertrunke,
es war ein Humpen Wein.
(Ein auserlesner Tropfen.)
Trat, ohne anzuklopfen,
der Tod zur Tür herein.

Und sprach: „Genug gesoffen!"
Der Bauer drauf: „Will hoffen,
wir zwei sind auch ein Paar.
Erst kostet meinen Süßen;
dann will ich gerne büßen,
daß ich am Leben war."

Der Gast mit grimmem Lachen:
„Spar dir dein Späßemachen.

Nach himmlischem Gebot
ist bis zur zwölften Stunde
drei Meilen in der Runde
ein volles Dutzend tot.

Die Zeit ist bald vorüber,
und elf sind erst hinüber;
drum sei sogleich bereit."
Drauf sprach der Bauer wieder:
„Setzt euch nur ruhig nieder.
Ihr habt noch reichlich Zeit."

„Mach flink! Vom Dutzend Seelen
darf auch nicht e i n e fehlen."
— „Setzt euch doch endlich her.
Der Wein wird euch erlaben."
— „Ich darf nicht weniger haben,
und wollt auch keinen m e h r."

„W as hör ich! M e h r um einen
wär a u c h nicht recht? Möcht meinen,
ihr nehmt es zu genau."
— „Ein Dutzend brauchts, ein Dutzend."
Sich derb die Nase putzend,
besann sich Meister Schlau.

Und rief dann unverlegen:
„Nun weiß ich schon, weswegen
es zwölfe müssen sein.
Eins drüber frommte schwerlich;
denn d r e i z e h n ist gefährlich.
— So kostet doch den Wein!"

„Potz Knochen! Hasts erraten.
Schenk ein. Erst Wein, dann Braten.
Der Braten, der bist du."
Und sieh, der sondre Zecher
saß nieder, nahm den Becher
und trank ihn leer im Nu.

Und wischte sich die Kiefer.
— „Guckt nur ein kleines tiefer
ins Glas. Das gibt euch Kraft.
Aus keinem andern Spunde,
drei Meilen in der Runde,
fließt solch ein Zaubersaft.

Der lindert alle Qualen
und feit vor Unglückszahlen. —"
— „Schweig still! Es macht mich toll."
So rief der Tod in Schauer;

und schleunig goß der Bauer
das leere Glas ihm voll.

Der Tod ergriff es wieder
und sprach: „Durch alle Glieder
fuhr mirs mit Glutgewalt."
Und goß den Wein hinunter.
Der Bauer rief: „Nur munter;
dann wird euch wieder kalt.

Die Zahl ist wohl ein Schrecken. —"
Der Tod mit Zähneblecken:
„Schweig still! Sonst gehts dir arg.
Ich mag nichts davon hören!"
— „Will gern euch Schweigen schwören.
Jetzt kühlt nur euer Mark.

Der Zauber hat verfangen.
Von euern Knochenwangen
verschwindet schon die Glut.
Ihr müßt noch mehr erkalten,
um eures Amts zu walten.
Dann aber glückts euch gut."

Der Tod mit grausem Schmatzen:
„Schenk ein und laß das Schwatzen."

Und trank zum dritten Mal.
Der Bauer sprach indessen,
als hätt er sich vergessen:
„Verwünschte Satanszahl!

Kam jeder noch zu Schaden,
bei dem du ungeladen
und meuchlings kehrtest ein."
Da rief der Tod mit Ächzen:
„Hörst du nicht auf zu krächzen!
Du Schächer, gib mir Wein!

Noch brennen mir die Lippen.
Was nützt das lange Nippen!" —
Und setzte mit Geschnauf
den H u m p e n an die Kiefer
und blickte tief und tiefer
hinein und sah nicht auf.

Und als er ausgetrunken,
da sah er rote Funken
und blickte wild und stier.
Der leere Krug zerschellte.
Ein Schrei durchs Zimmer gellte:
„Was will der andre hier?!

Entweich, du schnöde Fratze!"
— Es saßen auf dem Platze
des Bauern plötzlich zwei.
Und grinsten voller Tücke:
„Was treibt ihr mir für Stücke
mit Toben und Geschrei?"

Den Tod ein Zittern faßte.
Der Bauer sprach: „Zu Gaste
mein Zwillingsbruder kam.
Und bleibt an meiner Seite
als treuliches Geleite.
Ihr macht uns beide zahm."

„Nur einen, will ich, einen!" —
Der Bauer drauf: „Möcht meinen,
damit hats seine Not.
Wir wollen uns vertragen.
Gleich wird es zwölfe schlagen. —"
Vom Sessel sprang der Tod:

„Gleich Mitternacht! Potz Knochen!
Der Himmel hat gesprochen,
es muß ein Dutzend dran.
Er möge mir verzeihen,

daß ich aus diesen zweien
nicht e i n e n machen kann.

Doch dreizehn wär noch schlimmer. —"
Und stürzte aus dem Zimmer
und schwankte fort in Eil.
„Nun muß ers selber büßen,"
sprach der beim Tisch. „Den Süßen,
den trank er mir zum Heil."

ZEPHYRUS FLINK

Kam einer aus Holunderland,
dem gingen seine Schuh zuschand
vom allzulangen Laufen.
Und weils ihn in den Zehen fror,
zog er drei Groschen Geld hervor
und wollt sich neue kaufen.

Der Schuster rief: „Beim Menschensohn!
Drei Groschen sind ein Hungerlohn.
Das reicht für Mäus und Spinnen.
Hätt gern ein Ränftlein Speck im Haus.
Kramt nur getrost die Taschen aus.
Es steckt wohl noch was drinnen.“

Der andre drauf mit trübem Sinn:
„Ich hab nur lauter Leeres drin.
Was soll das Suchen frommen!“

— Und zog ein Silberstück ans Licht
und stand verdutzt und wußte nicht,
wie es hineingekommen.

Der Schuster sprang von seinem Sitz:
„Das nenn ich einen feinen Witz!"
Und lachte mit Getöse.
„Verfiel mein eigner Hosensack
auf solch aparten Schabernack,
ich wär ihm drum nicht böse."

Und jener aus Holunderland
— er war Zephyrus Flink genannt —
ward plötzlich wieder munter
und wies auf ein Paar Schnabelschuh.
Der Schuster lachte immerzu
und langte sie herunter.

„Ihr habt ein scharfes Augenmerk.
Die Schuhe sind ein Wunderwerk.
Im jüngstverwichnen Jahre
hab ich sie einem Herrn versohlt,
der sie bis heute nicht geholt.
Es ist brabantische Ware.

Seht sie euch nur genauer an.
Drin könnt sich jeder Edelmann
vor seiner Liebsten zeigen.
Der Herr (er war ein Hinkebein)
wird wohl indes gestorben sein.
Drum sind die Schuh mein eigen.

Ich sohlte sie zu euerm Heil.
Für einen Taler sind sie feil."
Der Handel ward geschlossen.
Zephyrus gab sein Silberstück.
Und sieh, es saß zum guten Glück
das Paar wie angegossen.

Und als er aus dem Laden ging,
ein sondrer Nebel ihn umfing.
Sein Puls begann zu hasten,
und seine Beine wurden matt.
Er sprach: „Ich hab das Wandern satt.
Jetzt möcht ich gern wo rasten."

Und war auch einer schon zur Stell,
der hörte dies: „Seid mein Gesell,
dann könnt ihr bei mir wohnen.
Der Dienst ist sicher euch zupaß.

Die Arbeit ist ein halber Spaß
und wird sich reichlich lohnen.

Auch habt ihr gute Unterkunft.
Bin aus der edlen Schreiberzunft.
Es kennt mich hier ein jeder."
— Und führte ihn ins Haus und sprach:
„Hier seht ihr gleich mein Schreibgemach;
Papier und Stift und Feder."

Der Flink noch stets im Nebel ging
und fragte: „Was für Rätselding
hängt an der Balkendecke?
Wie eine Schaukel anzuschaun."
— „Das eben will ich euch vertraun.
Es dient besonderm Zwecke."

„Habt ihr ein Äffchen großgehegt,
das seine Purzelbäum dort schlägt?"
Der Schreiber drauf: „Mit nichten.
Kein Äffchen Kapriolen macht.
Euch ist die Schaukel zugedacht.
Von droben müßt ihrs richten."

„Was meint ihr? Ich versteh euch nicht."
— „Zu einem geistlichen Gedicht

sollt ihr euch nützlich zeigen.
Ich fühls, ihr seid der rechte Mann.
Nur keine Flausen! Schickt euch an,
die Schaukel zu besteigen."

Der stieg hinauf und wußt nicht wie.
Der Schreiber ward vergnügt und schrie:
„Macht euchs bequem dort oben.
Die Schaukel geht nicht aus dem Leim.
Es gilt, in Vers und glattem Reim
die Heiligen zu loben.

Nehmt einen festen Schwung. — Nur frisch!
Jetzt schwebt ihr über meinem Tisch
mit euern langen Beinen.
Ihr sitzt auf euerm Platz doch weich? —
Ich aber setze mich zugleich
hier unten auf den meinen.

Indes ich nun mit sauerm Schweiß
mich hier der Poesie befleiß,
fahrt ihr mir immer wieder
mit euerm schlenkernden Gebein,
und ohne grade sacht zu sein,
den Rücken auf und nieder.

Recht so! Das kitzelt mir den Geist.
Nur lustig weiter! Seid ganz dreist.
— Ihr habt mich rasch begriffen.
Ich sagte doch, es wird ein Spaß!
Verratet mir nur keinem was
von unsern schlauen Kniffen.

Genug! — Das war die Probe nur.
Ihr seid schon tüchtig auf der Spur.
So wollen wir es zwingen.
Das wird ein himmlischer Gesang.
Was keinem andern noch gelang,
uns beiden solls gelingen;

zum Lob der ganzen Klerisei.
— Jetzt geht. Bis Abend seid ihr frei.
Das sind drei gute Stunden.
Seht euch indes im Hause um."
Zephyrus Flink, der nickte stumm
und war im Nu verschwunden.

Und war schon längst nicht müde mehr
und lief den Mägden in die Quer,
die er mit Possen plagte.
Und keine hielt ihm lange stand,

und jede gab ein Unterpfand,
wie's eben ihm behagte.

Auch brach er in den Speicher ein
und trank zwei Flaschen roten Wein,
aß Kuchen, Wurst und Braten.
Und trieb noch Schlimmes nach dem Schmaus.
Es dröhnte schier das ganze Haus
von seinen Missetaten.

Der Schreiber aber hörte nichts
und blieb verklärten Angesichts
in seiner Stube drinnen.
Und schleppte manches Buch herbei,
auf daß er recht gerüstet sei,
die Arbeit zu beginnen.

Und las Legenden ohne Zahl
von der Märtyrer Schmach und Qual,
die unter Heidenhorden
mit ihren Leibern pfeilbesteckt
sich zaglos himmelaufgereckt.
Da war es Abend worden.

Es schwand dem Schreiber das Gesicht.
Er zündete ein Lampenlicht.

Das Dunkel war zerstoben.
Drauf zog er an dem Glockenstrang.
Zephyrus in die Stube sprang
und schwang sich gleich nach oben.

Und tat wie ihm geheißen war
und fuhr mit dem Brabanterpaar
dem Schreiber in den Rücken.
Der aber spürte keine Pein
und tauchte seine Feder ein
und schnurrte vor Entzücken.

Und schrieb und schrieb und hielt nicht Rast
und schrieb die dreißig Seiten fast.
Es dampfte schon die Feder.
Der andre stets am Seile hing
und tat Bescheid, so gut es ging,
mit seinem Sohlenleder.

„Ein schöner Anfang wär gemacht.
— Was seh ich! Schon ists Mitternacht,"
sprach endlich da der Schreiber.
„Nun tut es not, sich auszuruhn.
Ihr seid mit euern Schnabelschuhn
ein wackrer Zeitvertreiber.

Laßt jetzt die Schaukel Schaukel sein."
Zephyrus sagte drauf nicht nein
und ging auf seine Kammer.
Dort zog er gleich die Schuhe aus.
Da aber packte ihn ein Graus
und namenloser Jammer.

Und seine Tränen flossen reich.
Er sprach, die Wangen totenbleich,
mit Ächzen und mit Beben:
„Was hab ich doch in wildem Wahn
verruchte Taten hier getan!
Mög Gott es mir vergeben.

War hinter allen Mägden her
und fraß und soff den Speicher leer
und hauste in den Schränken.
Schlug Henkeltöpfe kurz und klein. —"
Erst gegen Morgen schlief er ein
im reuigen Gedenken.

Und auch dem Schreiber ward derweil
nur spärlich Ruh und Schlaf zuteil.
Als er, allein geblieben,
sein Werk noch einmal übersah,

wie graute es dem Schreiber da
vor dem, was er geschrieben!

Was eben seinem Hirn entsprang,
das war ein geiler Lästersang,
und keine Himmelsweise.
War eine wüste Litanei,
ein Lobgesang der Hurerei
und Satanas zum Preise.

Und wieder las er, was da stand,
und faßte mit der heißen Hand
sein Ohr und sprach in Bangen.
„Ich bin es und ich bin es nicht.
Hab doch mein heiliges Gedicht
zu schreiben angefangen!

Und ward ein Schandenlied daraus. —
Weh mir! Mein Kopf ist voll Gebraus!
Das ist des Teufels Tücke! —
Durch meine Adern strömt ein Gift!" —
Drauf riß er seine Lästerschrift
in abertausend Stücke.

Und warf sich auf sein Lager dann
und hub erst recht zu seufzen an

in quälerischem Sinnen.
Und viele Tränen er vergoß
und unter Tränen er beschloß,
aufs neue zu beginnen.

Und bei dem ersten Frührot saß
er über Büchern schon und las,
die Seele zu erheben.
Nahm alte Kirchenväter vor
und ihre Geister er beschwor
mit brünstigem Bestreben.

Und überdachte Gott und Welt
und wie das Menschenherz bestellt
zu Adams Zeit und weiter.
Und ward getrost, indes er sann
und stieg zu Gottes Thron hinan
auf einer lichten Leiter.

Und auch der Flink war zeitlich wach
und hob mit manchem Weh und Ach
sich von der Lagerstätte.
Da plötzlich ward sein Blick gebannt.
Das schöne Schnabelpärlein stand
geruhig bei dem Bette.

Er sprach mit nassem Aug: „Euch beid'
vergaß ich fast in meinem Leid,
seit ich euch ausgezogen."
Und seufzte noch einmal und dann
zog er die Schuhe wieder an.
Da war sein Leid verflogen.

Er setzte sich sogleich in Trab
und lief die Treppen auf und ab
mit Schreien und Gelächter.
Und schreckte alle aus dem Schlaf,
und wenn er was zum Küssen traf,
so war er kein Verächter.

Und stürmte weiter ohne Dank
und aß den Speicher wieder blank,
rumorte, sang und höhnte.
Trieb tausend Possen sonder Scham,
bis endlich, als der Abend kam,
des Schreibers Glocke tönte.

Und wieder saß Zephyrus dann
auf seiner Schaukel und begann
den Schreiber zu traktieren.
Und sparte nicht mit Schwung und Stoß;

und jener unten legte los.
Und wieder gings mit vieren.

Das Stiefel- wie das Händepaar
aufs neu am heiklen Werke war
mit ungebrochnem Mute.
Und wieder kam die Nacht heran,
bevor der Schreiber sich besann
und seine Feder ruhte.

Und wieder, wie das erstemal,
erfaßte Flink Gewissensqual,
als er von seinen Füßen
die Schuhe zog. Es wich der Wahn.
Er seufzte tief: „Was ich getan,
werd ich im Grab noch büßen."

Und wieder saß der Schreiber lang
und starrte in den Höllensang,
schnitt ängstliche Gesichter,
war seiner selbst nicht mehr gewiß.
Bis endlich er die Schrift zerriß,
wards ihm im Kopfe lichter.

Und also gings tagaus, tagein:
Von Morgen bis zum Sternenschein

trieb Flink verruchte Possen,
saß Abends auf dem Schaukelbrett
und lag zuletzt zerknirscht im Bett,
und seine Tränen flossen.

Und täglich, kaum das Licht genas,
der Schreiber bei den Büchern saß
und las in den Legenden.
Und jeden Abend er begann.
Und was er schrieb, zerriß er dann
mit zitternd heißen Händen.

Nun sagt ein Spruch und kündet wahr:
Leicht finden Schelme sich zu Paar.
So stand an einem Morgen
ein Mensch in Lumpen vor dem Haus;
und leise kam der Flink heraus:
„Heut wollen wirs besorgen.

Ich weiß, wo er sein Geld versteckt.
Ein ganzer Schrank ist vollgeheckt
mit lauter goldnen Kücken.
Seid heute kurz nach Mitternacht
vor dieser Tür. Dann wirds vollbracht.
Es kann uns nicht mißglücken." —

Und als, wie jede Nacht, auch heut
den Schreiber sein Gedicht gereut,
war Flink noch auf den Beinen
und hatte noch die Schuhe an.
Traf vor der Tür den Lumpenmann
und dachte nicht ans Weinen.

Und sprach ihn an im Flüsterton:
„Seid ihr es, Freund?" — „Ich bins, Patron."
— „Bleibt hinter mir. Wir schleichen
den Gang entlang. Dann gehts hinauf.
Bald ist für uns der goldne Hauf
mit Händen zu erreichen." —

Wie Schatten klommen sie empor.
Da traf Geräusch ihr waches Ohr
beim sachten Stufensteigen.
Und tönte durch die tiefe Ruh.
Es knarrten die Brabanterschuh
und wollten nimmer schweigen.

„Um Gott!" sprach der im Lumpenflaus,
„zieht euch die leidigen Schuhe aus.
Man könnt uns überraschen."
Zephyrus tats in großer Eil.

— „Gebt her. Ich stopfe sie derweil
in meine tiefen Taschen."

Er steckte rasch die Schuhe ein.
— Da hub Zephyrus an zu schrein
und war als wie von Sinnen.
„Zu Hilfe! Räuber! Packt ihn an! —"
Doch eh sie kamen, war der Mann
im Lumpenflaus von hinnen.

Mit ihm zugleich verschwunden war
das höllische Brabanterpaar;
und als der Morgen graute,
da schwebte mit dem ersten Schein
ein Segen sanft ins Haus hinein.
Es tönten selige Laute.

Zephyrus Flink in scheuer Art
schlug in der Mägde Gegenwart
die Augen züchtig nieder.
Dem Schreiber aber drang es klar
ins aufgetane Herz. Da war
es voll der frommsten Lieder.

Er schenkte seinem wackern Knecht
ein Stiefelpärlein schlecht und recht.

Doch war es ohne Tücken.
Das rauhe Leder unverziert,
mit festen Sohlen, pechgeschmiert.
Und hatte keine Lücken.

Und als des Schreibers Glocke rief,
Zephyrus in die Stube lief,
auf daß das Werk gerate.
Stieß in den Rücken ihn sodann,
und jener fing zu schreiben an:
Die heilige Agathe — — —

MEISTER KILIANS
SELIGES STERBEN

Wenn dem Meister Kilian
einer kam entgegen,
zog den Hut und rief ihn an
mit gewohntem Segen:
„Schenk der Herr dir gute Zeit,"
sprach er drauf in Heiterkeit:
„Einmal gehts ans Scheiden.
Guten Tod uns beiden!"

„Guten Tod!" sein Sprüchlein hieß.
„Mög er uns geraten!"
Seine Hand gen Himmel wies;
und bei allen Taten
war des Tods er eingedenk.
„Nur ein flüchtiges Geschenk

sind des Daseins Gaben.
Tod soll uns erlaben."

Wenn er froh bei Tische saß,
Gaum und Zunge letzte,
nimmer er den Tod vergaß.
Eh den Mund er netzte,
goß er treulich von dem Wein
in ein kupfern Schälchen ein.
Sprach in Andacht leise:
„Dies dem Tod zum Preise."

Und von jeglichem Gericht
gab er in die Schale.
Gerne tat er den Verzicht.
Nach genoßnem Mahle
trug das Opfer er zum Herd,
daß die Flamme es verzehrt.
Und zum heiligen Zwecke
stieg der Rauch zur Decke.

„Guten Tod!" der Meister sprach.
„Guten Tod den Frommen."
Unterdes war allgemach
seine Zeit gekommen.

„Nimmer steht vom Bett ihr auf,"
sprach der Arzt, „denn euer Lauf
ist alsbald zu Ende.
Rüstet euch zur Wende."

„Ei, nichts anderes als dies
war mein Tun auf Erden.
Was mein Hoffen mir verhieß,
soll nun Wahrheit werden.
Einen Tod von süßer Art
hat mein Leben sich verspart.
Schmückt mein Bett zum Feste,
denn nun kommt das Beste."

Und sie brachten Blumen her,
zierten Bett und Kammer.
„Alles Leben ist Beschwer.
Doch den Erdenjammer
bin ich los in Ewigkeit.
Bin zu schönstem Tod bereit
und schon frei von Banden,
eh mein Leib zuschanden."

Und der Meister Kilian
ruhte auf dem Bette,

feiertäglich angetan.
Seine Sterbestätte
duftete nach Himmelreich,
und die Pfühle waren weich;
daß sich seine Seele
sanft dem Tod vermähle.

Dreizehn Wochen lag er so
mit beglücktem Sinne,
aß und trank und harrte froh,
daß die Zeit verrinne.
Und er aß und trank für zehn,
ließ nicht einen Bissen stehn,
ließ nichts ungetrunken,
ganz in Glück versunken.

Was dem Feuer sonst verfiel,
kam jetzt ihm zugute.
„Selig, selig ist das Ziel!"
sang es ihm im Blute.
Und er lachte unverwandt.
Und die leere Schale stand
blank und licht im Schranke,
als ein Gottgedanke.

Und um froher noch zu sein
und den Tod zu preisen,
lud er Musikanten ein.
Ihre süßen Weisen
lullten ihn in sanften Schlaf.
Also jener ihn betraf,
den er längst ersehnte,
oft schon nahe wähnte.

Und der Meister spürte kaum,
daß er ihn entrückte.
Und aus seinem lichten Traum
schwebte der Entzückte
in den ewigen Glanz empor.
Winkend stand am Himmelstor
Gott der Herr in Prangen.
Und die Engel sangen.

INHALT

Von Alfred Grünwald sind in gleichem Verlag in der gleichen Ausstattung in Vorbereitung „ERSTE BALLADEN" (Neuausgabe von „Mummenschanz des Todes").

Früher sind erschienen:

DIE GEZEITEN DER SEELE, Gedichte, Erdgeist-Verlag, Leipzig.

SPIELE, drei Einakter, Saturn-Verlag, Heidelberg.

DAS VÖGLEIN SÜZELIN, Gedichte, Amalthea - Verlag, Zürich · Leipzig Wien.

URIANS LENDENSCHMUCK, ein Fastnachtspiel, Amalthea-Verlag, Zürich Leipzig · Wien.

SONETTE AN EINEN KNABEN, Verlag Ed. Strache, Wien · Prag · Leipzig.

DITHYRAMBISCHER HERBST, Gedichte, Hans Heinrich Tillgner-Verlag, Potsdam.

In Vorbereitung:

RENATUS' GESANG, ein Buch der Einsamkeit, Verlag Paul Stern, Wien.

www.ingramcontent.com/pod-product-compliance
Lightning Source LLC
Chambersburg PA
CBHW030809100426
42814CB00002B/51